公安民警现场执法实务操作手册

刘永生 主编
龚义明 副主编

GONG'AN MINJING XIANCHANG ZHIFA
SHIWU CAOZUO SHOUCE

中国法制出版社
CHINA LEGAL PUBLISHING HOUSE

刘永生，现任枣庄市公安局市中分局纪委书记、枣庄市公安局法律顾问、山东省公安厅法治研究员、公安部基础培训教官。扎根公安基层，先后从事刑侦、预审、派出所和法制工作，曾担任基层派出所所长和法制大队大队长职务，获得2013年度山东省优秀法制大队长称号，曾编著《刑事办案实用操作手册》一书，既具有扎实的法学理论功底，又具备丰富的基层执法实践经验。

龚义明，现任枣庄市人民警察学校治安管理专业讲师，曾任枣庄市法律智库成员、山东省公安厅法治研究员。长期从事公安民警教育教学训练和实践工作，先后负责承担“治安管理”“派出所基层领导科学”“治安处罚法”“巡逻盘查与设卡盘查”“公安行政执法与群众工作”等课程、专题的授课和训练任务，曾参加《公安派出所实用工作教程》《治安案件立案处罚标准和处罚依据解释》《全市公安民警教育培训实用教程》等教材编写工作，具有一定的法学理论功底和实践经验。

让法律在现场中鲜活起来

——《公安民警现场执法实务操作手册》编印记

现场执法是公安执法工作的重要组成部分，是公安执法的最前沿，是打击违法犯罪的初始环节，现场执法的成效事关警民关系大局。

进入新时代以来，人民群众的法治意识、监督意识、维权意识不断增强，对全面依法治国、公平正义有着更高期望，对公安机关规范执法工作提出了更高要求。如何有效应对现场执法突发情形，做到训练有素、处变不惊、规范执法，确保执法活动经得起法律和实践检验；如何适应公开透明的舆论监督，在日益严格的监督下执法，理性平和、有礼有节、不卑不亢地去面对媒体和社会关注，是各级公安机关需要认真研究的课题。

本书编者刘永生、龚义明，为积极破解现场执法难题，共同编写了《公安民警现场执法实务操作手册》一书，让民警在现场执法中明确“应该干什么”“怎么干”“如何把握尺度”，让民警有章可循、有规可依。

在本书的编写过程中，编者搜集、查阅了大量资料，对公安现场执法工作有了全新的理解和认识，总结提炼出“公安现场执法是民警（带领辅警）在公安机关之外，针对执法对象，依照法律授权通过面对面的语言和行为实现执法目的职务行为”这一概念，归纳出现场执法的特点，厘清了现场执法和警务实战之间的关系，梳理了现场执法的两项基本要素，提出了判断现场执法的四项标准，明确了现场执法应当遵循的八项基本原则和七项要求，在公安现场执法理论研究领域取得了新的突破。

在实践操作层面，编者对现场执法的警力配置、装备要求、处置流程、方法技巧、注意事项等进行了深入思考，综合制止违法犯罪行为、调查取证的工作需要，职权法定、遵循程序的要求以及相关执法规范，从法治视角设计了现场执法的通用规程；又根据不同警情的特点，细化了各类110警情现场处置，对街面巡逻、设卡盘查、群体性事件、行政案件、刑事案件、场所检查等现场执法种类，分别编订了相应的操作规范。进一步明确执法标准、方法、步骤，力求为广大民警现场执法提供规范化的指引、可操作性强的范本，力求为公安实战提供一本好教材。书中还提供了一些实用性较强的方法、技巧，让一线民警在实际操作中既体现出执法威严，又充满人性温情，便于群众接受，让执法对象“口服心更服”。

本书不是简单的法律汇编，而是立足现行法律法规框架，将条文转化为可操作的、规范化的执法行为和执法语言，让法律在现场中鲜活起来。这一成果具有原创性，处于国内领先水平，是国内少有的系统性阐述公安现场执法命题的工具书，得到了山东省公安厅和公安部的充分认可。本书在公开出版发行前，曾配发给枣庄市公安局执法民警，在现场执法实战中得到检验，受到了基层民警的一致好评，后荣获2019年度“山东公安科学技术进步奖壹等奖”。枣庄市人民警察学校也将该资料列为民警现场执法培训教材，有力地推动了枣庄市公安执法规范化建设和在职民警教育训练工作。本书主编刘永生也因该成果被公安部聘为基础类培训教官。

本书分类科学、精选实例，突出当前亟需规范的执法领域和环节，涵盖了常见现场执法、新型高发警情、突发事件的处置规范。衷心希望本书能将这些成果分享给更多的公安战友，为他们在现场执法问题上答疑解惑，让现场执法成为展示公安形象的新平台，成为提高执法公信力的增长点，让更多的群众在公安现场执法中感受到公平和正义。

刘永生

2020年11月2日

目　录

第一编　公安现场执法概论

第二编 各类警情处置

第三编 现场管制和群体性事件处置

第四编 警种部门现场执法

第一编

公安现场执法概论

第一章　公安现场执法的概念

公安现场执法是民警（带领辅警）在公安机关之外，依照法律授权，通过面对面的语言和行为实现执法目的的职务行为。现场执法是群众工作的方法艺术，事事关乎形象，人人都是名片。

公安现场执法具有以下五项特征：（1）内容广泛性：从凶杀大案到偷鸡摸狗的小案，从家庭矛盾到邻里纠纷，从个人极端事件到群体性事件，从天灾到人祸的各种灾害事故无所不包，世间可能发生的各种事件都有可能在公安现场执法中遇到；（2）态势复杂性：公安现场执法是各种不可穷尽的事件的综合体，每个警情现场都会有不同的现场态势，而且现场态势也不是静态的，而是时刻变化的，可能从缓和向激化发展，也可能从激化向缓和发展，具有高度的不确定性；（3）时效紧迫性：公安现场执法（110 接处警工作）是有时限要求的，特别是 110 接处警要求城区 5 分钟内到达，农村以最快速度到达。这种时效要求对处置民警造成很大的压力；（4）矛盾尖锐性：现场执法过程往往是当事双方矛盾纠纷斗争的高潮期，处置民警的现场处置犹如在风口浪尖上冲浪，处置稍有不当，双方中的一方甚至双方就会将矛头对准处置民警，引发警民冲突。一些旁观者或者别有用心的人员在不良心态的驱使下，可能抓住民警处置中的执法瑕疵对处置民警恶意攻击，或者借助媒体恶意炒作，甚至可能纠集不明真相的群众对民警围攻，引发群体性事件；（5）环境开放性：公安现场执法的环境是面向社会公众的、开放的和不稳定的，当事各方和围观群众的情绪在很多时候是激烈和变化的，任何一方都可能纠集人员升级对抗，各方言行都可能给现场处置带来不确定性。

公安现场执法包含各类110警情的现场处置，街面巡逻盘查、设卡盘查、群体性事件处置、场所检查以及行政案件办理和刑事案件办理中需要现场执法的内容。

公安现场执法以快速稳控现场，及时制止违法犯罪行为，尽量减少人员伤亡和财产损失，确保处置民警、执法对象和群众安全为衡量是否成功处置的标准。区分不同警情，充分评估、果断处置，不在现场长时间纠缠滞留，是现场执法的核心要义。

第二章　公安现场执法的基本原则

公安民警在现场执法中应当遵循以下原则：

一、首接责任、依法履职

群众对现场执法的基本要求是“有人管事，规范办事”。现场执法实践中，由于事发地区争议、性质管辖争议导致的所队、警种之间相互推诿扯皮现象时有发生，执法不作为现象突出，群众反映强烈。严格落实首接责任制，执法者依法履职，让群众的事情有人管、规范办，是规范现场执法的第一要务。

二、预判评估、请求增援

现场执法态势纷繁复杂，要做好随时应对各类突发情况的思想和工作准备。评估贯穿始终，处置前对现场环境、对象人数、犯案工具等基本情况进行初步了解分析；处置中根据对象情绪变化、态势发展、可能会出现的危险形势等及时分析判断，迅速做出应对。出现警力不足、装备不齐、场面不可控等情形时，及时请求指挥中心派警增援或争取在场群众的支援。

增援暂未到位时，机动灵活，采取缓解措施，拖延时间，防止激化矛盾。

三、保持戒备、确保安全

在现场执法过程中，民警应当时刻警惕，与执法对象保持人身安全距离，确保警械处于在备状态。一旦发现对方有危险倾向，应当立即后退或采取应对措施，确保自身和现场群众以及执法对象安全，防止发生袭击、脱逃、自伤自残等意外。

四、遵循程序、积极作为

处置中要遵循法律程序和公安机关内部工作规范，防止因违反执法程序或执法方式不当，引起与执法对象的冲突，引发不良后果甚至自身安全遭受侵害。现场执法的程序通过执法者现场语言体现。应在遵循程序的基础上，积极面对、灵活应对，及时果断地采取处置措施，推动现场执法达到预定目标。

五、优势警力、保持克制

确保警力优势，选择比对方高一等级或同等级别的警械配置，以强胜弱、以多胜少。在保持警力优势的情况下，处置行为理性、克制、适度，避免过度。

六、控制局势、缓解事态

现场执法处置条件不成熟的，不盲目处置，将控制局势、防止事态恶化作为首要任务。把控好自身情绪，沉着冷静，理智施策，从心理、距离、位置上控制局势，避免当事人与警方对抗，不要将双方当事人之间的矛盾转化为对民警的矛盾。尽量采取缓和气氛、说服规劝的方法。

在处置暴力犯罪、缉捕嫌疑人的过程中，出现对峙时，要先通过谈判规劝的方式缓和紧张态势，防止嫌疑人员出现过激反应，同时也可麻痹对方，为安排部署、顺利抓捕争取时间。

七、全程录像、及时取证

现场执法是公安执法的初始环节，全程录像，可以在第一时间记录现场有关人员的言行和状态，具有较高的证据效力。现场获取的每个证据，都可能成为推进案件进展、查明案件事实的关键点。在现场执法过程中，将现场处置的每一环节都用执法记录仪完整、清晰记录，不仅可以固定原始证据，更可以在遇有恶意诬陷时，澄清真相，保护民警。

八、规范言行、善待媒体

处置民警应当保持良好的执法形象，积极作为。对媒体记者应当文明礼貌，引导媒体通过公安宣传部门安排案件报道事宜。

涉及警务工作秘密、当事人隐私、未成年人保护以及血腥等场面的，可以设置围挡，或通过口头、举牌等方式禁止采访拍摄。已经拍摄的要求其自行删除，并告知其擅自传播的法律责任。

采访拍摄中有挑衅、干扰、影响执法活动、拒不执行现场民警命令、冲闯警戒带警戒区等阻碍执行职务行为的，可以视情况通过口头警告、使用警械制止，依法传唤到公安机关予以处理。对未违反上述规定的以及不涉嫌阻碍执行职务的，不予干涉，不得故意遮挡其摄影摄像镜头、采访话筒，不得抢夺采访拍摄器材，不得擅自销毁、删除其视音频、照片等素材，不得扣留记者、围观人员及其物品，但应当告知其不得断章取义、歪曲事实传播，否则将承担法律责任。

第三章　公安现场执法的要求

一、警力配置合法适当

（一）对于一般案（事）件现场，处置民警不得少于 2 人，带辅警 1 ~2 人；法律、行政法规、部门规章规定可以由 1 人进行处置的警情，可以安排 1 名民警前往处置。

（二）不得安排见习民警、辅警人员、保安、协勤等不具备执法资格的人员单独处置。

（三）处置重大案（事）件、重大事故时，应当安排足够警力。

（四）需要警力增援或者其他部门到场解决的，立即向指挥中心报告，接到增援指令的单位和民警应当无条件快速前往增援。

（五）涉及枪支、爆炸物、危险物质、灾害事故警情时，指挥中心应当指令相关警种安排警力一同前往处置，并视情通报政府有关职能部门到场处置。

二、现场执法装备符合要求

（一）现场执法民警应当依照有关规定着装，携带人民警察证件、法律文书、佩戴执法记录仪、单警装备、警械、武器以及处警专用装备和相关通信器材等。

1. 单警装备包括：伸缩警棍、催泪喷射器、手铐、急救包、强光手电等；

2. 武器包括：手枪、防暴枪（选配）；

3. 取证器材包括：照相机、录像机、执法记录仪等；

4. 通信器材包括：对讲机、移动式接处警手持终端。

（二）随车携带防暴装备、救援器材以及其他器材。

1. 防暴装备包括：头盔、钢叉（抓捕器）、盾牌、破胎器、网枪、防刺背心、防弹背心、长警棍等；

2. 救援器材包括：救援绳、救生衣、救生圈、灭火器、破拆器等；

3. 其他器材包括：停车指示牌、锥桶、警戒带、扩音器、现场勘查箱以及雨伞等遮挡器具。

三、语言和行为规范

处置过程中语言和行为应当理性、平和、文明、规范、准确，既体现出人民警察的权威和专业，又体现出执法的公平、公正。

制止违法犯罪行为时，使用简短易懂的语句，声音洪亮有力，体现出人民警察的气势和威严。控制违法嫌疑人时，使用规范的控制约束动作，禁止使用击打、进攻动作，体现出人民警察的专业和纪律。

四、处置程序规范合法

处置程序应当符合法律法规和公安执法规范的要求（之后的章节将重点对各种现场执法的规范处置予以细化）。

五、指处配合

指挥中心、现场执法民警应当密切配合。现场处置民警应当及时向指挥中心和所在单位反馈信息，保持沟通联络。指挥中心或所在单位应当及时跟踪了解现场警情发展情况，根据警情需要，及时派警增援或者协调相关单位到场处置。

六、现场协作

参与现场执法的各单位和民警辅警应当按照工作预案，分工协作，密切配合。同时根据警情处置需要，及时灵活调整分工，确保有效制止违法犯罪，控制现场。

七、分类规范处置

在现场处置过程中的带队负责人，应当根据警情的种类对纠纷、求助、事故、案件分类规范处置，充分评估现场态势，果断采取措施，迅速处结。

第四章　现场执法规范用语

一、电话联络报警人

1. 您好，我们是××单位的民警，请问是您报的警吗？现场具体在什么位置？目前是什么情况？

2. 我们正往您所在的位置赶，但是路上堵车，稍晚一会儿到，请您理解。

3. 我正在××地处警，还要几分钟才能处理完，稍微晚一会儿才能赶过去，您介意吗？谢谢您的理解。

4. 听您刚才描述的情况，很紧急，我们这边还在××地处警，不能马上赶过去。我们给指挥中心汇报，让其他处警组赶过去处理。请您稍候。

二、亮明执法身份

声音洪亮、展现警察的气势和威严：“（出示警察证）××公安分局民警，依法执行公务，请您配合。”

三、现场面对报警人

1. 您好，我们是×单位的民警，请问是谁报的警？

2. 请您将事情经过详细地讲一下。

3. 不要着急，慢慢讲。

4. 理解您的心情，我们会尽快调查，尽力破获案件。

5. 请您慢慢回忆一下，还能提供更多的线索吗？

6. 有新的情况请及时联系我们，谢谢您的配合。

四、维护现场秩序

1. 请大家不要围观，谢谢配合！

2. 请过往人员不要在现场逗留，保证交通顺畅，谢谢。

3. 对不起，请您退到警戒线以外。

4. 对不起，请不要干扰我们工作。

五、现场有记者采访或者有群众用手机拍照录像

1. 对不起，请您和宣传部门联系，由他们安排。

2. 对不起，请您到新闻中心等待新闻发布。

3. 您刚才拍摄的视频可能涉及警务秘密（或者当事人的隐私），请您自行删除。如果对外发布，可能造成不良影响，您将承担相应的法律责任。

六、现场调查访问

1. 我们是××单位的民警，现就案件的有关情况向您了

解一下，请您配合。

2. 我们发现您就在现场附近经营冷饮，请您将刚才看到的情况给我们讲一下，谢谢。

3. 我们发现您门口的摄像镜头正好对着现场，想拷贝一下您门口的监控录像，请您配合。

七、现场控制

1. 请大家冷静，有话慢慢说，一个一个讲。

2. 请你们双方一起跟我们到派出所接受调查。

3. 麻烦您跟我们到派出所去一下，这件事还需要进一步调查。

八、现场制止违法犯罪行为：简短易懂，声音洪亮

1. 口头制止、徒手制止：警察，别动！停止违法犯罪行为！否则采取强制措施！

2. 警械制止：警察，别动！（放下凶器）否则使用警械！

3. 武器制止：警察，别动！（放下凶器）否则使用武器！

4. 对现场无关人员：警察执法，无关人员躲避，否则后果自负！

九、传唤违法犯罪嫌疑人

1. 行政口头传唤：你的行为涉嫌殴打他人（阻碍人民警察执行职务），现在依法对你传唤！请你服从和配合，否则将强制传唤！

2. 行政强制传唤：你无正当理由不接受传唤，依法对你强制传唤！你有陈述和申辩的权利。如对强制传唤不服，将来可以申请复议或行政诉讼，但你必须配合到公安机关接受调查，否则依法采取强制措施！

3. 刑事口头传唤：你的行为涉嫌刑事犯罪，现依法对你传唤。

十、其他现场执法用语

1. 查验证件：您好，××公安分局民警。麻烦您出示一下证件。

2. 盘问检查：××公安分局民警，现依法对你盘问检查，请配合。请您出示身份证件或其他有效证件。

3. 强闯警戒带：请您退到警戒带以外，否则将依法强制带离！

第五章　现场制止措施

一、适用范围

处置民警现场处置一般违法犯罪行为，可以使用本章所列相关处置措施。群体性事件等重大紧急警情的处置，将在后续章节进一步细化。

二、制止措施的种类

（一）为现场制止违法犯罪行为而依法对行为人采取的处置措施，由轻到重依次为：口头制止、徒手制止、使用警械制止、使用武器制止。

1. 口头制止是指为制止违法犯罪行为而发出强制命令。

2. 徒手制止是指使用身体强制力制止违法犯罪行为的强制手段。

3. 警械制止是指使用《中华人民共和国人民警察使用警械和武器条例》规定的驱逐性、制服性、约束性警用器械制止违法犯罪行为的强制手段。

4. 武器制止是指在紧急情况下，依照《中华人民共和国人民警察使用警械和武器条例》第九条的规定，使用武器制止暴力犯罪行为的强制手段。

使用较重处置措施时，可以同时使用较轻处置措施作为辅助手段。

（二）为控制现场，制止违法犯罪行为，对现场环境可以依法限制、禁止人员、车辆的通行或者停留，封锁有关场所、道路，查验现场人员身份证件，限制有关公共场所内的活动，实行交通管制、现场管制。民警可以根据现场需要并经现场负责人批准使用警戒带，划定警戒区。

三、使用制止措施的基本要求

（一）适度。现场采取处置措施，应当以制止违法犯罪行为为限度，尽量避免和减少人员伤亡、财产损失；使用较轻处置措施足以制止违法犯罪行为的，应当尽量避免使用较重处置措施。

现场制止违法犯罪行为时，应当注意方式方法，避免激化矛盾；发现事态有可能进一步扩大的，应当及时采取相应措施进行妥善处置。

（二）安全。制止违法犯罪行为过程中，应当对违法犯罪行为的危险性、可能还有未被发现的违法犯罪行为人等情况保持警惕，减少、避免伤亡。

四、制止措施适用

（一）口头制止

1. 使用条件：对正在以非暴力方式或者实施轻微暴力违

法犯罪行为的行为人，处置民警可以口头制止。行为人以不理睬等方式拒不服从民警命令，或者口头谩骂、侮辱民警以及其他在场人员，但未与民警或者其他在场人员发生肢体冲突，可以使用口头制止。

口头制止导致违法犯罪行为人逃跑、毁灭证据或者其他严重危害后果的，可以依照有关规定，采取徒手制止措施。

2. 口头命令包括以下内容：

（1）命令违法犯罪行为人立即停止违法犯罪行为；

（2）命令违法犯罪行为人按照要求接受检查；

（3）告知违法犯罪行为人拒不服从命令的后果；

（4）根据警情需要，要求在场无关人员躲避。

3. 用语要求：口头制止用语应当明确、简洁、易懂，禁止使用侮辱性、歧视性语言。

4. 调整措施：违法犯罪行为人不听从口头制止的，处置民警可以将其传唤至公安机关处理；违法犯罪行为人不听从口头制止，继续实施暴力行为的，应当根据有关规定，采取相应处置措施。

（二）徒手制止

1. 使用条件：对正在以轻微暴力方式实施违法犯罪行为，尚未严重危及公民或者民警人身安全，经警告无效的，处置民警可以徒手制止；情况紧急，来不及警告或者警告后可能导致更为严重危害后果的，可以直接徒手制止。

2. 使用限度：处置民警徒手制止，应当以违法犯罪行为人停止实施违法犯罪行为为限度；除非必要，应当避免直接击打违法犯罪行为人的头部、裆部等要害部位。对抱孩子的妇女、孕妇、老人等，尽可能徒手制止，防止对孩子、胎儿、老人造成伤害。

3. 约束：当违法犯罪行为人停止实施违法犯罪行为时，处置民警应当立即停止可能造成人身伤害的徒手制止动作，并依法使用手铐、警绳等约束性警械将其约束。

4. 调整措施：对徒手无法制止违法犯罪行为的，处置民警可以依照有关规定，采取相应措施。

（三）使用警械制止

1. 使用条件：遇有《中华人民共和国人民警察使用警械和武器条例》第七条所列危害公共安全、社会秩序、公民人身安全等情形之一，经警告无效的，可以使用警棍、催泪喷射器等驱逐性、制服性警械。为避免长时间缠打，对符合警械使用条件的，可以不采用徒手制止，直接使用警械快速制服。

2. 使用限度：使用驱逐性、制服性警械，应当以制止违法犯罪行为为限度；当违法犯罪行为人停止实施违法犯罪行为时，应当立即停止使用。

3. 需要使用警械制止的，优先使用催泪警械：

（1）根据现场情况，口头警告嫌疑人立即停止违法犯罪，否则使用催泪喷射器，明示现场无关人员躲避；

（2）选择上风向站位和安全有效距离，直接向违法犯罪行为人喷射催泪剂；

（3）制服违法犯罪嫌疑人并将其约束后，及时为其清洗。

4. 使用警棍：违法犯罪行为人的攻击尚未危及他人或者

民警生命安全的，处置民警可以使用警棍制止。使用警棍时尽量避免攻击违法犯罪行为人的头部、裆部等要害部位。

5. 约束：制服违法犯罪行为人后，应当立即使用手铐、警绳等约束性警械将其约束；对受伤或有异常反应以及被引发疾病的违法犯罪行为人，应当及时采取适当救治措施。

6. 替代措施：符合使用警械条件，但是现场没有警械或者使用警械可能造成更为严重危害后果的，可以使用除武器外的其他物品对违法犯罪行为人进行控制。

7. 调整措施：对使用警械不能制止违法犯罪行为的，可以依照有关规定，采取相应措施。

（四）使用武器制止

1. 使用条件：遇有《中华人民共和国人民警察使用警械和武器条例》第九条规定的紧急情形之一，经警告无效的，可以使用武器；来不及警告或者警告后可能导致更为严重危害后果的，可以直接使用武器。

2. 使用程序：

（1）判明现场情况。

（2）表明警察身份，出枪示警；情况紧急时，可以在出枪的同时表明身份。

（3）命令在场无关人员躲避。

（4）命令犯罪行为人停止实施暴力犯罪行为，或者鸣枪警告。

（5）犯罪行为人在口头警告或者鸣枪警告后，继续实施暴力行为的，可以对其使用武器；来不及警告或者警告后可能导致更为严重危害后果的，可以直接使用武器。

（6）犯罪行为人停止实施犯罪，服从民警命令，或者失去继续实施犯罪能力的，应当立即停止射击，并持枪戒备。

（7）在未确定危险消除前，应当继续保持持枪戒备。

（8）确认危险消除后，应当关闭枪支保险，收回枪支。

现场使用武器的，应当将使用武器情况如实向所属机关书面报告。使用武器造成人员伤亡的，应当及时抢救受伤人员，保护现场，并立即向当地公安机关或者所属机关报告。

3. 使用武器时，遇有下列情形之一的，不得鸣枪警告：

（1）处于繁华地段、群众聚集的场所或者其他容易误伤他人的场所；

（2）明知存放有大量易燃、易爆、剧毒、放射性等危险物品的场所；

（3）鸣枪警告后可能导致危及公民或者民警人身安全等更为严重危害后果的。

4. 具有下列情形之一的，不得使用武器：

（1）处理治安案件、群众上访事件等非刑事执法活动时；

（2）正在实施盗窃、诈骗等非暴力犯罪或者实施暴力犯罪情节轻微，以及实施上述犯罪后拒捕逃跑的；

（3）发现实施犯罪的人为怀孕妇女、儿童的，但是使用枪支、爆炸、剧毒等危险物品实施暴力犯罪的除外；

（4）犯罪行为人处于群众聚集的场所，或者存放大量易燃、易爆、剧毒、放射性等危险物品的场所的，但是不使用武器予以制止，可能发生更为严重危害后果的除外。

具有第1目、第2目情形之一，违法犯罪行为人实施危及民警或者其他在场人员生命安全行为或者携带枪支、爆炸、剧毒等危险物品拒捕、逃跑的，可以使用武器。

5. 替代措施：符合使用武器条件，但是现场没有武器或者使用武器可能造成更为严重危害后果的，可以就地取材。

五、安全检查

（一）控制检查。制服违法犯罪嫌疑人后，可以使用约束性警械予以约束，立即对其人身及其携带的物品进行安全检查。

（二）查验身份。对有违法犯罪嫌疑的人，对其盘问、检查时，应当先查明其身份。对违法犯罪嫌疑人，必要时可以现场查验其身份。

1. 着装民警可以口头向违法犯罪嫌疑人表明身份。

2. 要求其出示居民身份证；未携带居民身份证的，请其出示居住证、护照、社会保障卡、驾驶证等依法可以用于证明身份的证件，也可以请其提供公民身份号码、姓名、住址、工作单位等信息。

3. 进行人、证一致性认定。

六、后续措施

（一）对人的措施。可以依法采取传唤、先行刑事拘留、强制隔离、强制带离、强行驱散等措施。对现场发现的违法犯罪嫌疑人，公安民警可以口头传唤。对无正当理由不接受传唤或者逃避传唤的违法嫌疑人以及现场无法区分违法、犯罪的嫌疑人，可以强制传唤。

1. 实施传唤或强制传唤时，应当出示警察证件，可以依法使用手铐、警绳等约束。

2. 将传唤的原因和依据告知违法嫌疑人。实施强制传唤的，还应当告知其依法享有的权利、救济途径，听取其陈述和申辩。

3. 当场告知违法嫌疑人家属实施传唤的公安机关、理由、地点和期限；无法当场告知的，应当在实施传唤后立即通过电话、短信、传真等方式通知；身份不明、拒不提供家属联系方式或者因自然灾害等不可抗力导致无法通知的，可以不予通知。

4. 实施强制传唤前须依法向公安机关负责人报告并经批准。情况紧急，当场实施强制传唤的，应当在返回单位后立即向其所属的公安机关负责人报告，并补办批准手续。公安机关负责人认为不应当实施强制传唤的，应立即解除。

（二）对物的措施。对违禁品或者管制器具、武器、易燃易爆等危险物品以及与案件有关的需要作为证据的物品、文件，采取扣押、扣留、查封、登记等证据保全措施。现场来不及或者不宜办理法律手续的，可以带回公安机关后依法办理法律手续。现场无法区分违法、犯罪的，按照行政案件办理扣押。

1. 着装民警可以口头向违法嫌疑人表明身份。

2. 对扣押的物品、文件，会同违法嫌疑人查点清楚。

3. 当场告知扣押的理由、依据以及违法嫌疑人依法享有的权利、救济途径，听取其陈述和申辩。

4. 制作并当场交付证据保全决定书和扣押物品清单。

5. 实施扣押前须依法向公安机关负责人报告并经批准。情况紧急，当场扣押的，民警应当在24小时内依法向其所属的公安机关负责人报告，并补办批准手续。公安机关负责人认为不应当扣押的，应当立即解除。

（三）对现场的措施。民警根据现场需要，经现场负责人批准使用警戒带，划定警戒区。使用警戒带，应当以既有利于履行职责，又尽可能不妨碍公民、单位的正常活动为原则。

1. 夜间使用警戒带应当配置警示灯或者照明灯。

2. 使用警戒带的情形消失时，应当立即停止使用和拆除。

3. 对破坏、冲闯警戒带或者擅自进入警戒区，经警告无效的，可以依法传唤或者强制带离，追究法律责任。

第六章　现场取证要点

现场证据是最原始、最真实的证据，对于还原事实真相有很强的证明效力。现场取证有很强的即时性，取证时机转瞬即逝。由于现场人员流动性大、现场物证和痕迹容易灭失、现场监控视频容易被人为删除等因素，现场执法民警必须增强证据意识，规范证据搜集固定的程序和内容，在第一时间将现场证据应搜集尽搜集，应固定尽固定，不漏项、无缺失，为案件依法处理奠定基础。

一、现场取证工作原则

及时准确、客观全面、合法有效。

二、刑事案件、治安案件现场取证要点

处置民警在迅速制止违法犯罪行为，依法控制、查缉违法犯罪嫌疑人后，须开展以下取证工作：

（一）收集与案件有关的证据：在现场处置中发现的有关痕迹、物证，应当勘验检查后提取，勘验提取过程应当拍照同时使用执法记录仪进行摄录，制作现场（勘验）笔录或现场

勘查记录予以固定。

有人受伤的，应当对被侵害人的受伤部位或者被击打痕迹（如脚印、抓痕等）予以拍照固定。拍摄要先拍正面整体，后拍局部和细节。

附近有监控录像或者行车记录仪的，应当调取相关视频。

（二）对现场需送医治疗的伤者，在等待“120”急救车的过程中，应当就事情的发生经过，嫌疑人人数、特征以及工具等内容简要询问，对伤口和被击打的部位进行确认，并予以拍照、录像固定。

（三）当事人因其他原因不能即时制作询（讯）问笔录的，处置民警应当先对其进行简要的询（讯）问，使用执法记录仪同步录像，事后形成询（讯）问笔录。

（四）进行初步现场调查，对案件现场见证人及时取证；不能当场取证的，应当登记现场见证人联系电话，掌握基本情况，便于事后取证。

（五）对违法犯罪嫌疑人进行传唤或带至公安机关继续盘问。

（六）依法暂扣违法、违禁物品。

（七）其他需开展取证的工作。

（八）对传唤至派出所的嫌疑人有就医需求的，在就医前应当就事情的发生经过，嫌疑人的人数、特征以及工具等内容简要询问，对伤口和被击打的部位进行确认，予以拍照固定。询问过程应当通过监控视频或者使用执法记录仪予以固定。

对命案、爆炸、放火、抢劫、强奸、绑架、投放危险物质、重伤害、破坏生产经营、入室盗窃、盗窃汽车等刑事案件以及其他案情复杂、需要专业侦查手段侦办的刑事案件，应当联系刑侦部门开展现场勘验检查工作，先期处置民警负责现场保护，配合相关工作。

三、纠纷类警情现场取证要点

（一）处置民警须对双方当事人就事情经过、过错责任、相关诉求等内容分别进行简要的询问，使用执法记录仪同步录像。

（二）对民间纠纷引发的因果关系明显、案情简单、当事人双方要求现场调解且符合调解范围的治安案件，民警可以现场调解结案。

达成和解并当场履行的应当制作《现场治安调解协议书》，由双方当事人签名、捺印，同时用执法记录仪固定相关过程。

现场能调解终结的纠纷，应当书面记录警情内容、处警措施和处警结果，制作《处警现场处结备案单》，由双方当事人、见证人核对签名后归档留存。

（三）现场不能短时间调处化解的，规劝双方一同到公安派出所调处，尽快脱离现场环境，在平稳可控的环境下调处。在派出所调解室调解成功并当场履行的，视为现场调解的延伸或继续，制作《现场治安调解协议书》或者《处警现场处结备案单》，由双方当事人签名、捺印。

（四）对事实不清或当事人争议较大，不能调解终结的纠纷，处置民警应当开展询问工作，制作形成笔录，登记现场目击证人，掌握证人的基本情况，教育引导当事人通过诉讼途径依法解决。

（五）对纠纷现场通过录音录像、制作现场勘验笔录等方式，固定现场证据。

四、求助类、事故类警情现场取证要点[①]

五、群体性事件处置现场取证要点[②]

① 参照刑事案件、治安案件警情处理。

② 参见第三编第二章。

第七章　现场执法通用规程

一、岗前准备

（一）岗前提示：处警组（巡逻组）上岗前，小组成员可以用3～5分钟的时间进行岗前交流。交流内容包括当天的发案情况、任务分工、巡逻路线、需要关注的巡逻目标、是否有涉恐涉稳特殊警情、成员身体或家庭等是否有特殊情况等内容，相互提醒，时刻保持高度警惕。

（二）装备检查：小组成员根据任务分工，对车辆状况是否良好，工作证件是否携带，着装是否规范，携带的武器、警械和其他相关器材是否齐全，对讲机、执法记录仪、特殊警情需要携带的特殊装备以及其他电子设备是否满电和存储空间等项目逐一检查，发现问题予以排除后方可出发。

二、处警途中

（一）及时与报警人取得联系：尽可能了解现场的情况。对因车辆拥堵或者上一警情未处结等情况不能快速到达现场处置的，应当向报警人解释说明，避免沟通不畅引发投诉；对现场情况紧急，本警组不能及时赶赴现场处置的，应当汇报本单位负责人或者指挥中心，请求指派其他警组前往处置。

（二）对现场情况初步分析评估：根据指挥中心的派警信息和电话联系报警人获得的信息，初步分析评估，包括：（1）根据道路拥堵状况，设计快速到达现场的路线；（2）根据现场紧急程度，预测评估现有警力是否可控；（3）根据警情性质类别，评估小组是否拥有处置能力、是否需要社会专业机构介入等。

三、进入现场

（一）分工负责：进入现场前，带队负责人应当根据具体警情实际情况，对小组成员的任务分工进行确认或者适当调整，处置、辅助、警戒、取证等任务明确到个人，各司其职，协同配合。

（二）视频记录：进入现场前，开启执法记录仪，全面记录处置过程。进入现场后着装民警口头向当事人表明身份，告知正在录音录像，并将作为证据使用请其配合，否则承担法律责任。明示围观人员“警察执法，不要围观，避免误伤，不要妨碍执法”，否则承担法律责任。

（三）及时报备：对于110警情，到达现场后要及时向指挥中心报备到位情况以及是否需要增援等事项。

（四）判断警情：到达现场后，民警应当立即观察判断现场态势，根据现场情形，借助有利地形、合理站位，保持戒备并对现场警情的性质、危害程度、影响范围、涉及人数、当事人身份以及警情敏感程度等综合因素，快速判断，采取相应的处置措施。现场警情发生变化的，处警人员应当及时调整处置措施。

四、请求支援

现场当事人众多，行为方式激烈，或者处置过程中矛盾激化，出现多人阻碍民警执法，暴力攻击执法民警的情形，应当立即汇报，请求快速增援。等待增援过程中，优先保护人员安全，必要时依法使用驱逐性警械或者武器。

五、现场处置

（一）设置警戒

必要时经现场负责人批准，设置警戒带，划定警戒区。夜间应当配置警示灯或者照明灯。未经许可，无关人员不得冲闯警戒带，进入警戒区。需要持续保护现场的，必要时可以采取遮挡、覆盖、看护等方式妥善保护。

（二）排除险情

对涉及爆炸、火灾、剧毒、放射性物质、传染病以及其他可能危害公共安全和人身安全的警情应当按照前述规定设置警戒，疏散周边围观人员到安全区域，通知专业人员到场排除险情。

（三）制止违法犯罪行为

对于现场正在发生的违法犯罪行为，处置民警应当立即予以制止。

1. 着装民警可以口头表明执法身份，口头制止违法犯罪行为。根据不同情形，使用以下规范用语：

（1）（现场形势基本可控下使用）“××单位民警，现依法执行公务，请配合！”

（2）（遇有轻微阻碍和遭受辱骂言行时使用）“警察执法，全程录像，违法言行将承担法律后果！”

（3）（遇有拒不服从处置民警命令时使用）“警察执法，全程录像，请配合我们工作，否则采取强制措施！”

（4）（遇有场面混乱，暴力抗法时使用）“警察执法，命令你（们）立即停止违法行为，否则采取强制措施，后果自负！执法过程全程录像。”

2. 采取合理措施，制止现场违法犯罪行为。制止处置措施，由轻到重依次为：口头制止、徒手制止、使用警械制止、使用武器制止。使用较重的处置措施时，可以同时使用较轻的处置措施作为辅助手段。

（1）场面平稳的：纠纷类警情升级为吵骂，或者发生轻微肢体冲突的情形，处置民警应当主动介入其中，将双方隔离。两名民警分别向当事人双方了解情况，让双方无暇吵骂斗口，逐步给双方情绪降温。在短时间不能现场调解终结的，引导双方到派出所调解室，尽快脱离现场环境，防止在现场纠缠时间过长，局势升级。带离过程中要防止双方当事人发生肢体冲突。

（2）场面可控的：根据现场情形，果断采取措施，制止正在发生的各类违法犯罪行为。现场情况千变万化，犹豫不决是处警大忌。带队民警在决定采取制止措施前，应当对现场态势进行评估，符合下列条件的可立即予以制止：

第一，嫌疑人已经实施或正在实施不法侵害行为；

第二，嫌疑人拒不服从口头制止命令；

第三，不立即予以制止将造成更严重的后果；

第四，现有警力能够对违法犯罪嫌疑人形成优势可控局面；

第五，没有其他潜在抗拒执法人员的，控制违法犯罪嫌疑人不会引发群体性抗法事件（如相关利益群体聚集时）。

确定采取措施后，由带队民警果断发出指令，处置民警分工协作，共同行动，快速制止违法犯罪行为，控制违法犯罪嫌疑人，防止因处置缓慢导致违法犯罪行为后果加重，引发受害群众不满，同时使用规范的处置用语和动作，防止操作不当授人以柄。

（3）现场局面混乱的：现场混乱，现有警力不足以对嫌疑人形成优势的，一方面请求快速增援，慎重采取抓捕控制措施；另一方面积极作为，避免伤害后果扩大，积极抢救伤者。处警人员在现场可以采取以下措施：

第一，表明执法身份，责令嫌疑人立即停止不法侵害；

第二，对冲突双方实施隔离，使用器械将正在实施不法侵害的违法嫌疑人驱赶远离伤者，防止伤害后果进一步扩大；

第三，拨打120急救电话，对伤者进行紧急救护；

第四，设立警戒线，要求现场无关人员远离；

第五，在保持高度戒备，确保自身安全的情况下，对违法犯罪嫌疑人进行劝导，告知其法律后果，争取其服从命令，放下凶器，切记不过度靠近嫌疑人、不过分刺激嫌疑人；

第六，增援力量赶到后，对需要抓捕的嫌疑人实施控制；

第七，嫌疑人实施违法犯罪后，在处置民警面前逃离的，处置民警应当在确保安全的情况下进行追击和抓捕；在不能确保安全和警力优势的情况下，以抢救伤者为主、追击抓捕为辅。

现场需要抓捕的人员主要指现场实施违法犯罪活动尚未逃离的嫌疑人。

六、控制带离

现场需要控制带离的人员包括：刑事治安案件违法犯罪嫌疑人；治安灾害事故的责任人或者肇事人；群体性事件的挑头闹事、滋事人员。现场情形满足人员带离条件的要及时带离。

（一）带离评估：带队民警应当对现场态势进行评估，符合以下两个条件，即可实施控制带离：

第一，现有警力能够对违法犯罪嫌疑人形成优势可控局面；

第二，没有发现其他潜在抗拒执法人员，不会因带离违法犯罪嫌疑人而引发群体性抗法事件。警力尚未形成优势的，暂缓实施，请求快速增援。

（二）规范带离：对需要带至公安机关审查的违法犯罪嫌疑人员，由带队民警出示警察证件，区分不同情形，向其宣布采取下列措施，并发出行动指令。参与处置的民警分工协作，共同行动，使用规范的语言和规范的动作，快速控制，合理约束，防止操作不当授人以柄。

（1）对群众现场指认且不服从民警口头命令的犯罪嫌疑

人，经当场盘问不能排除犯罪嫌疑，可以带至就近的公安派出所继续盘问。对被继续盘问人员可以依法使用约束性警械；（2）对涉嫌行政违法的嫌疑人，实施行政口头传唤。口头传唤时不得使用约束性警械。拒绝口头传唤的，经电话请示办案部门负责人批准，予以强制传唤。无正当理由拒不接受传唤或逃避传唤的，可以强制传唤。实施前须向公安机关负责人报告并经批准。情况紧急当场实施的，返回单位后立即向公安机关负责人报告，并补办批准手续。强制传唤时可以依法使用约束性警械；（3）对现场发现的犯罪嫌疑人，可以实施刑事口头传唤，传唤时不得使用约束性警械；（4）现场无法区分行政、刑事违法犯罪的嫌疑人，比照涉嫌行政违法的嫌疑人进行处理，可以强制传唤，依法使用约束性警械。

约束后进行必要的快速安全检查，排除安全隐患，防止危害民警安全和嫌疑人自伤自残事故发生。乘车途中防止双方当事人发生肢体冲突。

七、救治病人和伤员

处置民警对于病人的病情和伤者的伤情，不具备专业知识，盲目施救可能会引发不良后果，不建议处置民警对病人和伤者擅自施救。民警可以实施以下措施积极作为：

1. 根据需要拨打120电话，请医护人员到场救治；

2. 根据需要向现场围观人员求助，请路过现场的医护人员紧急施救；

3. 与伤者或者病人沟通，索取其关系人联系电话，通知其亲友快速赶到现场；

4. 将伤者或者病人就近转移或者遮挡，避免暴晒、雨淋、冰冻等情形；

5. 给伤者或病人喂水等；

6. 对于能够判断主要因锐器伤及血管流血过多，可能危及生命安全，伤病家属主动请求使用警车送医，或急救车辆暂时无法到达的，可以使用处警车辆送医急救；

7. 救治违法犯罪嫌疑人时，公安机关应当派员看管。

八、现场取证

参见本编第六章。

九、现场处结

（一）结束现场处置

1. 结束案、事件现场处置：除当场处罚、现场调解、当场移交外，应当通知双方当事人到公安机关接受调查，继续办理。对于辖区交错，当场移交有争议的，应当转为继续办理。及时受理案件并制作笔录材料，通过案管中心移交有管辖权的单位办理。

2. 结束求助现场的处置：救助成功的，确认被救助人身份，必要时联系其家属或其他亲属到现场或者医院，办理交接。救助不成功的，离开现场前应当向本单位负责人及指挥中心报告，防止因现场处置不当被媒体曝光。

（二）离开现场

1. 清理现场：除将现场移交其他部门或者继续保护外，

应当清理现场，收集整理器材装备，撤除警戒。必要时报告指挥中心通知有关部门对现场进行专业洗消。

2. 通知调查：除当场处罚、现场调解、当场移交外，应当将违法犯罪嫌疑人带回公安机关（控制现场时提前带回的除外），通知受害人、证人到公安机关接受调查询问。对于纠纷或者纠纷引发吵骂以及肢体冲突的警情，可以采用规劝的缓和方式通知双方一同到派出所调解室，尽快离开纠纷现场。

在派出所调解室达成调解协议并当场履行的，视为现场调解的继续和延伸。

3. 带回证据：对作为证据使用的物品和文件，带回公安机关处理。对不能带回的物品，应当在拍照、录像后要求物品所有人或所有单位妥善保管，不得擅自处分。

4. 报告情况：将现场处置情况向指挥中心报告。

十、后续办理

（一）采取措施报告：因情况紧急，当场实施限制公民人身自由的行政强制措施（口头传唤和当场盘问检查）的，返回单位后应当立即报告，需要继续盘问的补办相关手续；当场实施行政强制措施的（证据保全、行政扣押）的，应当在24小时内向所属公安机关负责人报告，并补办批准手续。

（二）人员伤亡报告：现场处置过程中出现人员伤亡的，应当在处置过程中及时汇报，在现场处置完毕后，及时将处置情况向本单位书面报告；异地处置的，同时向现场所在地公安机关书面报告。

（三）使用武器报告：现场处置使用武器的，应当将使用武器的情况如实向所属机关书面报告。造成犯罪分子和无辜人员伤亡的，应当及时抢救受伤人员，保护现场，立即向当地公安机关和所属机关报告。公安机关应当及时进行勘验、调查，并及时通知当地人民检察院。

（四）告知处理情况和结果：对于属于本单位办理的，应当在规定的时间内将情况和结果告知报警人、举报人；对移交其他主管部门单位办理的，应当将移交情况告知报警人、举报人。

（五）信息录入：将现场处置情况、现场执法视音频以及调取获得作为证据使用的视音频，及时录入执法办案信息系统和执法视音频系统。

十一、说明

（一）关于穿着制式服装的人民警察在现场执法中是否需要出具警察证件，相关法规是这样规定的：

2004 年《公安机关适用继续盘问规定》第七条规定："为维护社会治安秩序，公安机关的人民警察对有违法犯罪嫌疑的人员，经表明执法身份后，可以当场盘问、检查。未穿着制式服装的人民警察在当场盘问、检查前，必须出示执法证件表明人民警察身份。"2012 年 10 月修订的《中华人民共和国治安管理处罚法》第八十二条规定："……对现场发现的违反治安管理行为人，人民警察经出示工作证件，可以口头传唤，但应当在询问笔录中注明……"2018 年修订的《公安机关办理行政案件程序规定》第六十七条第二款规定："……对现场发现的违法嫌疑人，人民警察经出示人民警察证，可以口头传唤，并在询问笔录中注明违法嫌疑人到案经过、到案时间和离开时间。"2018 年 10 月 26 日修正的《中华人民共和国刑事诉讼法》第一百一十九条第一款规定："……对在现场发现的犯罪嫌疑人，经出示工作证件，可以口头传唤，但应当在讯问笔录中注明。"

综合上述法律规定，穿着制式服装的人民警察在现场执法中采取当场盘问、检查以及继续盘问措施的可以不必出示警察证件；实施行政口头传唤或者强制传唤措施的，应当出示警察证件；实施刑事口头传唤应当出示警察证件。举轻明重，采取先行拘留措施的也应当出示警察证件。

现场执法情况紧急，有时难以区分适用何种措施，因此作者建议，在现场执法中将违法犯罪嫌疑人带离前出示警察证件更为稳妥。

将来，穿着制式服装的人民警察在现场执法中是否需要出具警察证件，应当根据相关法律法规予以相应调整。

（二）2020 年 7 月 20 日修订的《公安机关办理刑事案件程序规定》第一百二十五条第二款规定："紧急情况下，对于符合本规定第一百二十四条所列情形之一的，经出示人民警察证，可以将犯罪嫌疑人口头传唤至公安机关后立即审查，办理法律手续。"该规定意在对先行拘留的操作进行细化：将现场发现的犯罪嫌疑人口头传唤至公安机关立即审查，然后办理立案和拘留文书。

遗憾的是，新修订的《公安机关办理刑事案件程序规定》未有“无正当理由不接受传唤或者逃避传唤的，可以拘传。情况紧急须当场实施的，实施前向公安机关负责人电话报告并经批准。来不及报告的，实施后应当立即向公安机关负责人报告，并补办批准手续”的规定，这将导致第一百二十五条第二款可能难以得到有效执行。因为刑事口头传唤只是侦查措施，不是强制措施，而根据《中华人民共和国人民警察使用警械和武器条例》第八条第一款第二项之规定，执行口头传唤不在使用约束性警械的范围内。经传唤无正当理由不到案的情形符合拘传的条件，但是拘传需要呈请批准后开具文书方可执行。

对现场发现的具有明显社会危险性的现行犯，不使用手铐等约束性警械显然不足以制服。被追究刑事责任的严重暴力犯罪嫌疑人对于人民警察的口头传唤命令也未必能够配合与服从，这就导致现场处置民警陷入尴尬的境地。换言之，对其实施武力控制并加带约束性警械，不符合刑事口头传唤的立法本义且违反《中华人民共和国人民警察使用警械和武器条例》的规定；而不使用武力控制嫌疑人并加戴手铐，则可能造成行凶、脱逃或者自伤、自残等明显的安全隐患。紧急情况下的当场实施拘传、事后补办的制度设计，有待完善。

对不服从配合刑事传唤的犯罪嫌疑人，以涉嫌拒绝阻碍人民警察执行职务对其实施行政口头传唤，而后升级为行政强制传唤，使用武力控制约束带离或许是现阶段最好的变通途径，但仍不及先行拘留的表述和操作更加符合刑事诉讼法立法本义。

第二编

各类警情处置

第一章　常见案件警情处置

一、殴打他人、故意伤害

（一）岗前准备：通用[①]。

（二）接警途中：及时与报警人取得联系，问明现场的位置、殴斗双方的人员情况、是否持械、激烈程度、是否有人受伤等情况，并对现场情况初步评估。现有警力不能形成优势的，立即请求增援。

（三）进入现场：

1. 分工负责：处警组负责人根据初步评估的情况，对小组成员进行任务分工，责任到人。

2. 视频记录：进入现场前开启执法记录仪，重点摄录当事双方和处置民警的衣着、体貌特征及言行，对现场周边环境、围观群众以及车辆号牌等一并摄录。

3. 及时报备：到达现场后及时向指挥中心报备。迅速判断现场态势，发现处置警力不足时，再次报告请求增援。

---

① 指本书中第一编第七章中的相关通用规程，下文不再赘述。

（四）现场处置：

1. 表明执法身份，口头制止违法犯罪行为。主动介入，将双方隔离，两名民警分别向当事双方了解情况，让双方无暇吵骂厮打，给双方情绪降温。短时间不能现场调解终结的，规劝双方到派出所调解室调解，尽快脱离现场环境，防止在现场纠缠时间过长，局势升级。

2. 要求被殴打人到公安机关接受调查，不给殴打伤害人员在现场滞留的借口，以此规劝嫌疑人一起离开现场到公安派出所接受调查（现实中实施殴打的违法人员往往是自认为有理的一方）。

3. 拒不服从民警口头制止命令，继续实施殴打伤害行为，处置民警分工协作共同行动，果断制止，控制约束违法犯罪嫌疑人，强制传唤带离。

4. 实施口头传唤的，应当出示警察证，告知对其依法口头传唤。无正当理由不接受传唤或者逃避传唤的，经公安派出所、县级以上公安机关办案部门负责人批准，可以强制传唤。情况紧急的可以事后补办审批手续。

5. 现场局面混乱，现有警力不足以对嫌疑人形成优势的情况下，慎重采取抓捕措施，同时积极作为，避免伤害后果扩大。可以持续口头喝止，责令违法嫌疑人停止违法犯罪行为，告知法律后果，对冲突双方实施隔离。通过拨打 120 急救电话、设立警戒线等方式积极作为。

6. 违法犯罪嫌疑人在处置民警面前逃离的，处置民警在确保安全的情况下进行追击和抓捕控制。不能确保安全和保持警力优势的，以抢救伤者为主、追击抓捕为辅。已经逃离现场的，及时报告指挥中心调度警力布控查缉。

7. 处置民警根据现场态势，在优势警力的状况下控制约束违法犯罪嫌疑人，规范带离。带离前进行必要的快速安全检查，排除安全隐患，防止危害民警安全和嫌疑人自伤自残事故发生。乘车途中防止双方当事人发生肢体冲突。

（五）抢救伤员：通用。

（六）现场取证：

1. 及时收集与案件有关的证据：使用执法记录仪全程摄录；在现场处置中发现的有关痕迹、物证，应当勘验检查后提取，勘验提取过程应当拍照录像；制作现场（勘验）笔录或现场勘查记录予以固定；有人受伤的，应当对伤者的受伤部位或者被击打痕迹（如脚印、抓痕等）予以拍照固定；拍摄要先拍正面整体，后拍局部细节。

附近有监控录像或者行车记录仪的应当及时调取相关视频。

2. 对现场需要送医治疗的伤者，在等待120急救车的过程中，应当就事情的发生经过，嫌疑人人数、特征以及工具等内容简要询问，询问过程使用执法记录仪记录，对伤口和被击打的部位进行固定，予以拍照固定。

3. 当事人因其他原因不能即时制作询（讯）问笔录的，处置民警应当先对其进行简要的询（讯）问，使用执法记录仪同步录像，事后制作询（讯）问笔录。

4. 进行初步现场调查，对案件现场见证人及时取证；不能当场取证的，应当登记现场见证人联系电话，掌握基本情况，便于事后取证。

5. 依法暂扣违法、违禁物品。

6. 其他需开展取证的工作。

（七）现场处结：通用。

（八）后续办理：对传唤至派出所的违法嫌疑人有就医需求的，在就医前应当就事情的发生经过，嫌疑人的人数、特征以及工具等内容简要询问，对伤口和被击打的部位进行确认，予以拍照固定。询问过程通过监控视频或者使用执法记录仪予以固定，事后及时制作询问笔录。

（九）注意事项：注意保护遗留现场的殴斗器具，拍照固定后规范提取，防止器具上的指纹和生物检材受到破坏或污染，及时送交检验。

二、聚众斗殴、寻衅滋事

（一）岗前准备：通用。

（二）接警途中：与报警人电话联系，问明现场的位置、殴斗双方的人员情况，是否持械，激烈程度，是否有人受伤等情况，对现场情况初步评估。不能形成优势警力的，及时向指挥中心汇报，请求增援。

（三）进入现场：通用。

（四）现场处置：

1. 表明执法身份，口头制止违法犯罪行为。在双方斗殴尚未开始，或者已经开始斗殴，但能够听从民警命令停止斗殴的情况下，处置民警主动介入，将双方隔离。

2. 在拒不服从民警口头制止命令继续群殴，现有警力不足以对嫌疑人形成优势的情况下，处置民警应慎重介入，可以使用车载摄像装置或者单兵摄录装置、执法记录仪扫录现场，通过喊话器警告所有人处于视频监控之下，违法犯罪行为必将受到法律严惩，促使所有人停止群殴，同时请求快速增援。

3. 群殴状态下，现场局面混乱，应慎重采取抓捕控制措施。民警可以通过喊话器持续喝止、责令嫌疑人停止违法犯罪行为、告知法律后果、拨打 120 急救电话、设立警戒线等方式积极作为。

4. 在增援力量赶到，形成优势警力的情况下，果断采取抓捕措施，控制约束违法犯罪嫌疑人，规范带离。带离前实施快速安全检查，排除安全隐患。

5. 实施口头传唤的，应当出示警察证，告知对其依法口头传唤。无正当理由拒不服从传唤的，经派出所、办案部门负责人批准，予以强制传唤。紧急情况下可以事后补办审批手续。已经逃离现场的，及时报告指挥中心调度警力布控查缉。

（五）抢救伤员：通用。

（六）现场取证：通用。

（七）现场处结：通用。

（八）后续办理：通用。

（九）注意事项：

1. 聚众斗殴、寻衅滋事现场混乱，要注意疏散群众、疏导交通，避免误伤，尽快恢复现场秩序。

2. 注意发现、控制聚众斗殴、寻衅滋事首要分子和积极参加者。

3. 聚众斗殴、寻衅滋事已经结束的，排查走访附近的医院诊所，发现、控制嫌疑人。

4. 注意保护遗留在现场的殴斗器具，拍照固定后规范提取，防止器具上的指纹和生物检材受到破坏或污染，及时送交检验。

5. 对现场需要送医救治的伤者，在等待急救车的过程中，应当对事情的发生经过，加害人的人数、特征以及工具等内容简要询问，对伤口和被击打的部位进行确认，并使用执法记录仪和照相机予以固定。

三、故意损毁财物

（一）岗前准备：通用。

（二）接警途中：与报警人电话联系，问明现场的位置、物品毁损情况、毁损行为是否正在进行、参与的人数、是否还有其他违法行为、嫌疑人是否逃跑等情况，对现场情况初步评估。

（三）进入现场：通用。

（四）现场处置（毁财行为正在进行或尚未逃离）：

1. 表明执法身份，口头制止违法犯罪行为。嫌疑人能够听从民警命令的，依法对其口头传唤。

2. 要求被害人到公安机关接受调查，不给毁坏财物的违法人员在现场滞留的借口，以此规劝嫌疑人一起离开现场到公安派出所接受调查。

3. 拒不服从民警口头制止命令，或者继续实施毁坏财物行为的，处置民警分工协作，共同行动，果断实施控制约束措施。

4. 嫌疑人人数较多，拒不服从民警口头制止命令，现有警力不足以对嫌疑人形成优势的情况下，处置民警慎重介入，使用车载摄像装置或者单兵摄录装置、执法记录仪扫录现场，通过喊话器警告嫌疑人处于视频监控之下，违法犯罪行为必将受到法律严惩，促使嫌疑人停止违法犯罪行为，同时请求快速支援。

5. 在现有警力足以控制，或增援力量赶到形成优势警力的情况下，果断采取控制措施，约束违法犯罪嫌疑人，控制现场态势，规范带离。带离前实施快速安全检查，排除安全隐患。

6. 实施口头传唤的，应当出示警察证，并向嫌疑人当面告知。拒不服从的予以强制传唤。嫌疑人逃离现场的，及时反馈指挥中心调度警力布控查缉。

（五）现场取证：通用（嫌疑人已经逃离的，直接进入本环节）。

（六）现场处结：通用。

（七）后续办理：通用。

（八）注意事项：

1. 现场勘验过程中发现被毁坏物品价值较高，可能构成刑事案件的，应当联系刑侦部门进行现场勘查，对涉案物品进行估价。

2. 注意保护遗留现场的作案工具，拍照固定后规范提取，防止器具上的指纹和生物检材受到破坏或污染，及时送交检验。

3. 对毁坏的路灯、井盖等影响公共安全的公用设施，应当及时通知主管部门进行抢修，必要时设置警示标志。

4. 对于房屋被强拆的警情，无论是否属于相关部门行政行为，都应当进行现场勘查、固定证据，防止现场被破坏和灭失。

四、非法侵入他人住宅

（一）岗前准备：通用。

（二）接警途中：与报警人电话联系，问明现场的位置、对方参与的人数、是否还有其他违法行为、嫌疑人是否逃跑等情况，对现场情况初步评估。

（三）进入现场：通用。

（四）现场处置（侵入住宅行为正在进行）：

1. 表明执法身份，口头制止违法行为。告知被害人有要求侵入者离开的权利，同时责令嫌疑人退出被害人居所。嫌疑人能够听从民警命令的，退到居所之外进行现场调查，问明进入他人住宅的原因、过程、双方诉求，规劝双方一起到辖区派出所处理。

2. 要求被害人到公安机关接受调查，不给非法侵入住宅的违法人员在现场滞留的借口，以此规劝嫌疑人一起离开现场到公安派出所接受调查。

3. 拒不服从民警制止命令，执意滞留的，出示警察证件，对违法行为人实施口头传唤。嫌疑人不服从口头传唤的，予以强制传唤。

4. 侵入住宅人数较多，现有警力不足以对嫌疑人形成优势的，可以使用执法记录仪或者单兵摄录装置扫录现场，告知相关嫌疑人侵入他人住宅的法律责任，警告嫌疑人处于视频监控之下，违法犯罪行为将受到法律严惩，促使嫌疑人停止违法犯罪行为，同时请求快速支援。

5. 现有警力足以控制，或增援力量赶到形成优势警力的，果断采取措施，控制约束违法犯罪嫌疑人，规范带离。带离前实施快速安全检查，排除安全隐患。

6. 实施口头传唤的，应当出示警察证，告知对其依法传唤。无正当理由拒不服从传唤的，经派出所、办案部门负责人批准，予以强制传唤。紧急情况下可以事后补办审批手续。

（五）现场取证：通用。

（六）现场处结：通用。

（七）后续办理：通用。

（八）注意事项：

1. 为实施其他违法行为而采取了非法侵入住宅的手段，以其实施的违法行为定性处罚或择其重处罚。

2. 非法侵入住宅的方式既包括非法强行闯入，也包括以其他方式进入后经要求退出而拒绝退出的行为。

五、侮辱、诽谤

（一）岗前准备：通用。

（二）接警途中：与报警人电话联系，问明现场基本情况。

（三）进入现场：通用。

（四）现场处置（侮辱诽谤行为正在进行时）：

1. 表明执法身份，口头制止违法行为。责令违法行为人立即停止侮辱、诽谤行为，要求双方一起到辖区派出所处理。

2. 拒不服从民警制止命令的，出示警察证件，对违法行为人实施口头传唤。违法行为人不服从传唤的，予以强制传唤。

3. 现场嫌疑人较多，且拒不服从民警制止命令的，等增援力量赶到形成优势警力的情况下，予以强制传唤，果断采取措施，控制约束违法犯罪嫌疑人，规范带离。带离前实施快速安全检查，排除安全隐患。

4. 实施口头传唤的，应当出示警察证，告知对其依法传唤。无正当理由拒不服从传唤的，经派出所、办案部门负责人批准，予以强制传唤。紧急情况下可以事后补办审批手续。

（五）现场取证：尽可能多地记录当事人的基本情况、通信方式、车辆号牌等证据线索备查，同时对现场周边的社会监控、行车记录仪以及手机录像等及时调取。

第一时间调查取证，避免事后取证困难，给案件处理造成困难。在查清事实、初步固定证据的基础上组织双方调解。未能达成协议的应当及时（原则上当日）制作询问笔录，开展调查。

（六）现场处结：通用。

（七）后续办理：通用。

（八）注意事项：

1. 规劝双方到公安机关处理，尽快脱离现场，有利于避免事态扩大和调查取证。

2. 对于侮辱、诽谤行为已经构成犯罪的，应当告知当事人侮辱、诽谤案件以自诉为原则、公诉为例外，要求当事人到人民法院提起诉讼。确属《中华人民共和国刑法》第二百四十六条规定“严重危害社会秩序和国家利益的”以及《中华人民共和国刑法》第九十八条规定“被害人因受强制、威吓无法告诉的”，由公安机关按照公诉程序办理。

六、强迫交易

（一）岗前准备：通用。

（二）接警途中：与报警人电话联系，问明现场基本情况。

（三）进入现场：通用。

（四）现场处置（强迫交易行为正在进行）：

1. 表明执法身份，口头制止违法行为。责令违法行为人立即停止强迫交易行为，要求双方一起到辖区派出所处理。

2. 拒不听从民警命令，出示警察证件，对违法行为人实施口头传唤。违法行为人拒不服从口头传唤的，予以强制传唤。

3. 现有警力足以控制，或增援力量赶到形成优势警力的，果断采取措施，约束控制违法犯罪嫌疑人，规范带离。带离前实施快速安全检查，排除安全隐患。

4. 实施口头传唤的，应当出示警察证，告知对其依法传唤。无正当理由拒不服从传唤的，经派出所、办案部门负责人批准，予以强制传唤。紧急情况下可以事后补办审批手续。

（五）现场取证：尽可能多地记录当事人的基本情况、通信方式、车辆号牌等证据线索备查。同时对现场周边的社会监控、行车记录仪以及手机录像等及时调取。

（六）现场处结：通用。

（七）后续办理：通用。

（八）注意事项：

1. 对于火车站、长途客车站、公交车站、码头等人员流动频繁的地点，处警时应当及时固定相关证据，以免事后取证困难。

2. 调查中注意收集是否使用暴力、威胁等手段的证据，注意与敲诈勒索、抢劫、寻衅滋事、非法拘禁等违法犯罪行为的区别。

3. 行为人强迫交易是否达到目的，不影响本行为的认定。

七、虐待家庭成员、家庭暴力

（一）岗前准备：通用。

（二）接警途中：与报警人电话联系，问明现场基本情况。

（三）进入现场：通用。

（四）现场处置（虐待、家暴行为正在进行）：

1. 表明执法身份，口头制止违法行为。责令违法行为人立即停止虐待、家暴行为，通知双方一起到辖区派出所处理。

2. 拒不听从民警规劝的，出示警察证件，对违法行为人实施口头传唤。违法行为人不服从口头传唤的，予以强制传唤。

3. 现有警力足以控制的，果断采取措施，控制约束违法犯罪嫌疑人，规范带离。带离前实施快速安全检查，排除安全隐患。其间被害人明确不要求公安机关处理的，停止强制传唤。

（五）救治伤员：虐待或家暴造成身体伤害需要治疗的，征求被害人同意，拨打120急救电话，或者使用警车送医。

（六）现场取证：同殴打他人警情现场取证。

（七）现场处结：

1. 治安调解。符合当场治安调解条件的，可以当场调解，并及时调查取证、留存调解材料。同一加害人多次实施家庭暴力，加害人违反人民法院人身安全保护令，以及当事人不同意调解等其他不符合调解条件的，不得调解处理。

2. 传唤。当事人不同意调解，或者调解不成的，依法传唤加害人到公安机关调查处理。

（八）后续办理：

1. 申请人身安全保护令。

（1）依法告知。对因遭受家庭暴力或者面临家庭暴力现实危险的受害人，告知其可以向居住地、家庭暴力发生地的基层人民法院申请人身安全保护令。

（2）代为申请。受害人是无民事行为能力人、限制民事行为能力人，或者因受到强制、威吓等原因无法申请人身安全保护令的，公安机关可以代为申请。

2. 批评教育、书面告诫。家庭暴力情节较轻，依法不予治安管理处罚的，对加害人给予批评教育，或者出具《家庭暴力告诫书》送交加害人、受害人，并通知居（村）民委员会。

3. 家庭暴力情节较重，在查清事实、初步固定证据的基础上征求被害人意见，对虐待、家暴行为实施人作出是否处罚的决定。对于被害人不要求处罚的，应当制作《家庭暴力告诫书》一式四份，一份存档，一份送达家庭暴力加害人，一份送达家庭暴力被害人，一份送达社区妇联组织，并通知居民委员会、村民委员会。

（九）注意事项：

1. 对无民事行为能力人、限制民事行为能力人因家庭暴力身体受到严重伤害、面临人身安全威胁或者处于无人照料等危险状态，现场没有或者联系不到适当家属照料的，应当通知并协助民政部门将其安置到临时庇护场所、救助管理机构或者福利机构。

2. 处置家庭暴力警情时，应当尊重受害人真实意愿，保护当事人隐私。

3. 必要时可以通知社区干部、社区民警、妇联、双方当事人的长辈或其他亲朋好友到场参与处置，并提请其亲友、邻居、物业人员予以关注。

4. 依法调查取证，构成违反治安管理行为的，征求被害人意见，作出是否处罚的决定。

5. 加害人实施家庭暴力，构成犯罪的，依法追究刑事责任。

6. 家庭成员以外共同生活的人，实施家庭暴力行为的参照执行。

家庭暴力告诫书

×公（××派）家暴告字［2020］××号

家庭暴力加害人姓名：______________性别：____________________

出生日期：__________身份证件种类及号码：____________________

与受害人关系：__________________现住址：____________________

现查明：____

____

____

____

____

以上事实有________________________等证据证实。

根据《中华人民共和国反家庭暴力法》第十六条第一款之规定，决定对你给予告诫，请及时纠正不法行为，禁止对家庭成员再次实施家庭暴力行为，如有违法犯罪行为，公安机关将依法处理。

××派出所（印）

年　月　日

被告诫人：（签名，捺印）　　　年　　月　　日

本告诫书一式四份：一份存档，一份交家庭暴力加害人，一份交家庭暴力受害人，一份抄送当事人住所地或经常居住地村（居）妇联组织。

家庭暴力告诫书所附的法律依据：

《中华人民共和国反家庭暴力法》

第二条 本法所称家庭暴力，是指家庭成员之间以殴打、捆绑、残害、限制人身自由以及经常性谩骂、恐吓等方式实施的身体、精神等侵害行为。

第十六条 家庭暴力情节较轻，依法不给予治安管理处罚的，由公安机关对加害人给予批评教育或者出具告诫书。

告诫书应当包括加害人的身份信息、家庭暴力的事实陈述、禁止加害人实施家庭暴力等内容。

第十七条 公安机关应当将告诫书送交加害人、受害人，并通知居民委员会、村民委员会。

居民委员会、村民委员会、公安派出所应当对收到告诫书的加害人、受害人进行查访，监督加害人不再实施家庭暴力。

《中华人民共和国刑法》

第二百三十四条 故意伤害他人身体的，处三年以下有期徒刑、拘役或者管制。

犯前款罪，致人重伤的，处三年以上十年以下有期徒刑；致人死亡或者以特别残忍手段致人重伤造成严重残疾的，处十年以上有期徒刑、无期徒刑或者死刑。

本法另有规定的，依照规定。

第二百六十条 虐待家庭成员，情节恶劣的，处二年以下有期徒刑、拘役或者管制。

犯前款罪，致使被害人重伤、死亡的，处二年以上七年以下有期徒刑。

第一款罪，告诉的才处理。

《中华人民共和国治安管理处罚法》

第四十三条第一款 殴打他人的，或者故意伤害他人身体的，处五日以上十日以下拘留，并处二百元以上五百元以下罚款；情节较轻的，处五日以下拘留或者五百元以下罚款。

《中华人民共和国妇女权益保障法》

第四十六条 禁止对妇女实施家庭暴力。

国家采取措施，预防和制止家庭暴力。

公安、民政、司法行政等部门以及城乡基层群众性自治组织、社会团体，应当在各自的职责范围内预防和制止家庭暴力，依法为受害妇女提供救助。

第五十八条 违反本法规定，对妇女实施性骚扰或者家庭暴力，构成违反治安管理行为的，受害人可以提请公安机关对违法行为人依法给予行政处罚，也可以依法向人民法院提起民事诉讼。

八、饲养动物干扰正常生活

（一）岗前准备：通用。

（二）接警途中：与报警人电话联系，问明现场基本情况。

（三）进入现场：通用。

（四）现场处置：

1. 表明执法身份，口头制止违法行为，要求双方一起到辖区派出所处理。

2. 拒不听从民警规劝的，出示警察证件，对放（饲）养人实施口头传唤。违法行为人不服从口头传唤的，予以强制传唤。

3. 被动物袭击的，参见本编第五章动物袭人警情处置。

（五）救治伤员：略。

（六）现场取证：重点固定饲养动物的种类、数量、饲养的地点、叫声、气味等证据。

（七）现场处结：通用。

（八）后续办理：在查清事实、初步固定证据的基础上予以警告，责令违法嫌疑人改变饲养地点，向被侵害人赔礼道歉，化解矛盾。

（九）注意事项：

1. 必要时可以通知社区干部、社区民警以及市政、兽医、卫生等部门，实施执法联动。

2. 对于饲养犬只的，要查明其证照办理情况，责令饲养人按照当地养犬管理办法的规定办理证件，规范饲养。

3. 对有兴奋、狂暴、流涕等表现，具有明显攻击性等疑似患狂犬病的犬只，使用工具无法控制或者没有适当工具控制的，应当责令饲养人捕杀，及时通报当地兽医部门和居民委员会。

4. 上述行为警告后仍不改正的，给予200元以上500元以下罚款。

九、制造噪声干扰正常生活

（一）岗前准备：通用。

（二）接警途中：与报警人电话联系，问明现场基本情况。

（三）进入现场：通用。

（四）现场处置：

1. 表明执法身份，询问报警人噪声来源，区分是生产噪声还是生活噪声。是生产噪声的联系生态环境部门处理，是生活噪声的依法进行下一步处置。

2. 找到生活噪声的制造者，劝说噪声制造者采取措施降低或者消除噪声，告知制造生活噪声是违法行为。

3. 拒不听从民警规劝的，出示警察证件，对违法行为人实施口头传唤。违法行为人不服从口头传唤的，予以强制传唤。

（五）现场取证：对警告后仍不改正，或者举报人坚决要求处理的，应当开展调查取证。注意收集周围3户以上居民的证言，制作现场笔录，必要时请生态环境部门进行噪声分贝检测，对发出噪声的工具依法采取扣押等保全措施。

（六）现场处结：通用。

（七）后续办理：在查清事实、固定证据的基础上予以警告，责令违法嫌疑人降低或者消除噪声，向被侵害人赔礼道歉，化解矛盾。

（八）注意事项：

1. 本行为所称噪声，是指社会生活噪声，包括商业经营活动，娱乐场所、家庭使用的各种音响器材音量过大或者休息时间装修房屋噪声过大，不包括工业噪声、建筑工地噪声以及交通运输噪声。指挥中心接警员对上述噪声可告知报警人向行政执法和政府其他部门反映。

2. 在商业活动中使用高音喇叭或者使用其他高噪声招揽顾客的行为，由公安机关处理；对于商业活动中使用的空调器、冷却塔等设备产生的边界噪声由生态环境部门处理。

3. 处理此类警情时，要注意方式方法，合理引导，以说服教育为主，避免矛盾激化。

4. 处置丧葬噪声时要充分考虑对方失去亲人的悲伤情绪，以劝说为主，督促其采取措施降低音量。

5. 对于制造其他噪声，警告后仍不改正的，可对音响设备拍照录像保全证据。

6. 对路边喝酒猜拳产生噪声的合法摊点，可以向设立单位反映，对非法摊点，可以要求行政执法和市场监管部门予以取缔。

7. 对晨练或者晚练的噪声、在广场跳舞产生的噪声，要合理引导，以说服教育为主，避免激化矛盾。

8. 警告后仍不改正的，给予 200 元以上 500 元以下罚款。

十、持有、使用假币

（一）岗前准备：通用。

（二）接警途中：及时与举报人电话联系，详细询问持有使用假币者人数和具体位置等情况。

（三）进入现场：通用。

（四）现场处置：

1. 表明执法身份，对报警人或者群众举报人进一步询问发现假币的经过、假币的种类和数量、嫌疑人的人数和特征等内容。

2. 对报警群众指认的持有使用假币的嫌疑人进行当场盘问。

3. 当场盘问的同时，对被指认为嫌疑人的人身、随身物品以及车辆进行检查。有逃跑迹象的，先予控制，再进行检查。

4. 经当场盘问检查，仍不能排除其嫌疑的，带至公安机关继续盘问。对控制约束的犯罪嫌疑人规范带离。带离前对其人身和随身物品进行必要的快速安全检查，排除安全隐患，防止危害民警安全和自伤自残事故发生。

（五）现场取证：

1. 控制现场后，对持有、使用假币嫌疑人员逐一安全检查并对随身物品进行检查。检查发现的假币应当拍照录像固定，依法暂存。

2. 当面清点现场违法嫌疑人员的随身财物，个人的物品、现金连同清单放入同一物证袋，一人一袋分别保存，当面封存并进行标记。检查、清点过程同步录像。

3. 有监控录像的应当及时调取监控录像，通知涉事人员到公安机关接受调查。

（六）现场处结：对完成安全检查和财物清点的持有、使用假币的违法嫌疑人，逐一带离。

当事人双方有争议，民警也不能区分真伪的疑似假币，应当通过就近的银行柜台鉴别，通知当事人双方一同到公安机关接受调查。带离前实施快速安全检查，排除安全隐患。

（七）后续办理：在审查后，对持有、使用假币人员根据事实和证据依法进行处罚。

（八）注意事项：

1. 将现场控制的嫌疑人带至警车后，应当现场突审，简要询问嫌疑人的基本情况、同案人员和假币来源以及藏匿地点等，对未逃离现场的同案人员进行抓捕，对可能藏匿假币的处所进行检查，防止假币被转移、藏匿。

2. 现场无法确定货币真伪的，应当通知双方一同到公安机关接受调查，及时固定假币特征，记录假币币号，保存物证袋，防止第三者触摸假币。

3. 假币必须由人民银行分支机构或人民银行授权的鉴定机构进行鉴定。

4. 除当事人供述外，处置民警可以通过以下细节判断：

（1）使用假币被发现后，有抢夺、撕毁、吞食、丢弃、逃跑或者向对方讨饶、欲与对方私了等行为；

（2）当事人身上、箱包等处有其他假币，或者民警检查时出现异常举动或不配合等行为；

（3）无法说清自己到案发地点的理由或者理由明显不合理的；

（4）无法说明欲购买的商品用途或者理由牵强的；

（5）身上有超过所购物品价格的小额现金而使用大额现金且无合理解释的。

5. 收缴假币，当事人有异议时，做好解释工作，并告知法律依据：《中国人民银行货币鉴别及假币收缴、鉴定管理办法》明确规定，“被收缴人不能接触假币”。

6. 盘问检查的操作规范参见第四编第一章街面巡逻盘查。

十一、盗窃（扒窃）

（一）岗前准备：通用。

（二）接警途中：与报警人电话联系，了解现场位置、财物损失情况、盗窃行为是否正在进行、作案人数、嫌疑人是否逃跑等情况，对现场情况初步分析评估。

（三）进入现场：通用。

（四）现场处置（犯罪行为正在进行）：

1. 表明执法身份，进一步询问报警人或者群众举报人发现盗窃人的经过、嫌疑人的人数和特征以及指认嫌疑人实施的依据等内容。

2. 对指认涉嫌违法犯罪的嫌疑人进行当场盘问。

3. 当场盘问的同时，对被指认为嫌疑人的人身和随身物品、车辆进行检查。有逃跑迹象的，先予控制，再进行检查。

4. 经当场盘问检查，仍不能排除其嫌疑的带至公安机关继续盘问。对控制约束的犯罪嫌疑人规范带离。带离前对人身和随身物品进行必要的快速安全检查，排除安全隐患，防止危害民警安全和自伤自残事故发生。

（六）现场取证（嫌疑人已经逃离现场的直接进入这一环节）：

1. 表明执法身份，进一步询问报警人：发现被盗的时间，现场变动情况，出入口的攀爬、撬别痕迹，被盗物品的特征和价值（购买的时间、地点、新旧程度、有无发票），以及是否有怀疑的嫌疑人等。对于报警人不是被害人的，要问明和被害人的关系。

2. 现场必勘。按照现场勘验工作规范，一般案件由派出所兼职技术员勘查，重大复杂案件由刑侦技术部门勘查。由上级技术部门勘查的现场，要使用警戒带设立警戒区，对现场实施保护。必要时，注意对外围现场的保护，如楼道、可攀爬处、明显的逃跑路线、遗弃物品的位置和处所等。现场附近有监控录像的应当调取。

（七）现场处结：通用。

（八）后续办理：通用。

（九）注意事项：

1. 根据现场情况判断嫌疑人的作案方式（如技术性开锁、爬楼入室、车内盗窃等）和活动轨迹，对可能留有痕迹、物证的部位重点保护。处置民警不得轻易触碰现场物品，特别是阳台、门窗（车窗玻璃）、门框、把手（车门、房门）、被翻动的物品可能留下痕迹的部位。确需进入中心现场的，应当穿鞋套、戴手套，并对自己在现场活动的情况准确记录。

2. 能判明嫌疑人逃跑路线的，可对其逃跑路线进行一定范围的搜索，以发现嫌疑人丢弃的钱包、证件等物品。对发现的上述物品不得轻易触碰，规范提取。案发现场是党政机关、金融机构、外国驻本地机构、高校等重点或敏感部门单位以及被盗物品中有重大涉密设备的，要及时上报本单位负责人和指挥中心。

3. 对有银行卡、存折、有价证券被盗的，要提醒被害人及时向相关单位挂失，避免造成更大的损失。

4. 涉及机动车的盗窃案件：（1）与交警部门取得联系，以排除被拖车的可能；（2）问明车辆的产权归属是否有争议，以排除经济纠纷的可能；（3）注意发现盗窃机动车现场周围车辆是否有被撬盗的痕迹，有撬盗痕迹的一并进行保护和勘查；（4）车辆有定位系统的，可以在专业技术人员的协助下，立即报告指挥中心组织查控、拦截；（5）采用砸玻璃等破坏性手段实施盗窃的，盗窃财物的数额与毁坏财物的数额分别计算，不累计叠加。盗窃数额未达到构罪标准的，而毁财数额达到构罪标准的，以故意毁坏财物立案侦查。

5. 入户盗窃的户，是指供他人家庭生活，与外界相对隔离的住所。

6. 在公共交通工具上扒窃的，要控制交通工具的出入口，对报警人或群众指认的嫌疑对象进行盘查。盘查时注意方式方法，避免群众指认错误给当事人造成不良影响。

7. 群众出于义愤殴打嫌疑人的，应当及时制止并将双方分离，带嫌疑人到公安机关审查。

8. 聋哑人实施扒窃的，要及时控制手机，防止其通过手机短信、微信等方式联络，必要时采取戴头套等方式，防止通过手语交流；聋哑人、未成年人实施扒窃的，处置中要注意发现是否有被教唆、诱骗、胁迫的情形。

9. 刑事警情和行政警情难以区分的，使用治安口头传唤。刑事口头传唤是侦查措施而不是强制措施，不得使用警械的方式强制进行。现场执法中的传唤带有一定的强制性，在不服从配合的情况下经单位负责人批准可使用强制传唤并使用约束性警械。

10. 盘问检查的操作规范参见第四编第一章街面巡逻盘查。

十二、诈骗、招摇撞骗、敲诈勒索

（一）岗前准备：通用。

（二）接警途中：与报警人电话联系，了解现场的位置、财物损失情况、违法犯罪行为是否正在进行、嫌疑人作案的方式、作案人数、是否逃跑等情况，对现场情况初步分析评估。

（三）进入现场：通用。

（四）现场处置（诈骗正在进行或者尚未逃离）：

1. 表明执法身份，进一步询问报警人或者群众举报人发现嫌疑人的经过、嫌疑人的人数和特征以及指认嫌疑人实施诈骗或敲诈的依据等内容。

2. 对指认的诈骗嫌疑人进行当场盘问。

3. 当场盘问的同时，对被指认为嫌疑人的人身、随身物品和车辆进行检查。有逃跑迹象的，先予控制，再进行检查。

4. 对控制约束的犯罪嫌疑人规范带离。带离前对人身和随身物品进行必要的快速安全检查，排除安全隐患，防止危害民警安全和自伤自残事故发生。

5. 双方当事人各执一词，一时无法准确判断是经济纠纷还是诈骗、招摇撞骗、敲诈勒索的，通知双方一同到公安机关接受调查。

（五）现场取证（嫌疑人已经逃离现场的直接进入这一环节）：

1. 对诈骗案报警人主要问明：诈骗发生的时间、过程、参与人数、体貌特征、虚构了哪些事实、隐瞒了什么真相、出具了哪些虚假证明文件以及被诈骗的物品特征、财物数额等。

2. 对敲诈勒索报警人主要问明：敲诈发生的时间、过程、参与人数、体貌特征、以何种方式相要挟（威胁）、勒索财物数额、是否给付、如何给付等，对于涉及当事人隐私，不方便当场询问的，可以要求报警人到公安机关接受调查。

3. 对于街头诈骗、迷信诈骗、冒充军人诈骗等非熟人诈骗要有证据意识，要对诈骗现场进行勘查，注意发现提取嫌疑人接触过的水杯、烟头、痰迹等痕迹物证，调取现场周边可能记录嫌疑人特征的监控视频。

4. 对利用手机、网络或信件（纸条）等方式实施敲诈勒索的，应注意搜集、固定短信内容、音像资料、电子数据、书证等相关证据。

（六）现场处结：通用。

（七）后续办理：通用。

（八）注意事项：

1. 对有银行卡、存折、有价证券被诈骗的，要提请被害人及时办理挂失手续，避免造成更大的损失。

2. 对涉嫌使用军警车牌、行驶证、驾驶证、证件、服装等冒充军警人员实施招摇撞骗的，及时联系有关部门核实，并注意追查其来源，依法处理。

3. 对于敲诈勒索案件，注意了解敲诈勒索对象是否为未成年人、残疾人、老年人或者丧失劳动能力的人；是否以将要实施放火、爆炸等危害公共安全犯罪或者故意杀人、绑架等严重侵害公民人身权利犯罪相威胁；敲诈勒索时是否以黑恶势力为名义；敲诈勒索中是否利用或者冒充国家机关工作人员、军人、新闻工作者等特殊身份。

4. 盘问检查的操作规范参见第四编第一章街面巡逻盘查。

十三、“医闹”（扰乱单位秩序）

（一）岗前准备：通用。

（二）接警途中：及时与报警人、报警单位电话联系，问明现场参与人数、扰乱方式、事发原因等情况，是否发生围堵大门、打骂人员等情况。“医闹”滋事的，通知卫生健康主管部门派人员参与处置。

（三）进入现场：通用。

（四）现场处置：

1. 表明执法身份，使用警戒带设立警戒区，要求无关人员退出警戒区，要求医疗机构利用视频监控设备记录现场情况。散发《告诫书》、播放《告诫书》录音等方式告知现场人员违法后果等方式，维护现场秩序。注意观察发现挑头闹事人员。发现参与人数较多时，立即向指挥中心汇报，参照第三编群体性事件警情处置。

2. 现场未发生违法犯罪行为，或病患家属人数较少，气氛缓和的，民警可以引导院方（涉事单位）、患者家属代表（诉求代表）以及卫生健康（主管）部门一起到派出所调解室或者双方能够接受的地点协商，尽快脱离现场环境，避免局势升级。详细了解事情起因，有针对性地开展政策、法律宣传，引导双方依法解决诉求。

3. 过程中有实施围堵大门、破坏（医疗）设施、殴打（医护）人员等违法犯罪行为的，区分不同情形果断制止。

（1）哭闹滋事。对聚众哭闹、堵塞医疗机构大门或者以其他方式扰乱医疗秩序的，讲明法律后果，责令参与人员立即停止；拒不停止的，果断制止，视情对挑头闹事和骨干人员依法传唤或者强制带离。

（2）祭奠滋事。对在医疗机构私设灵堂、摆放花圈、焚烧纸钱、悬挂横幅的，讲明法律后果，责令参与人员立即撤除；拒不撤除的，组织人员强制撤除，将参与人员强制驱散、带离现场。

（3）停尸滋事。对在医疗机构的病房、抢救室、重症监护室等场所及医疗机构公共开放区域违规停放尸体，扰乱公共秩序的，讲明法律后果，责令参与人员立即配合医疗机构将尸体转移至医疗机构太平间；经警告或者劝说拒不转移的，对参与人员依法传唤或者强制带离，配合医疗机构转移尸体。

（4）暴力滋事。对正在实施伤害殴打、侮辱、恐吓医务人员，以不准离开工作场所等方式限制医务人员人身自由以及打砸办公设施等暴力行为的，立即、果断采取措施制止，必要时依法使用警械、武器制止。

（5）危险物品滋事。对非法携带武器弹药、管制器具或者爆炸性、放射性、毒害性、腐蚀性物品进入医疗机构的，立即疏散现场人群，向指挥中心报告，请求增援。指令医疗机构立即启动相应预案。对违法犯罪嫌疑人依法传唤或者强制带离。

（6）现有警力不足的需要等待增援力量达到后，参照群体性事件相关要求处置。

（五）现场取证：

处置过程中发现的汽油、硫酸、农药等危险物质以及为了实施扰乱行为制作的横幅、匾牌等物品应当拍照录像固定，依法保全。注意收集职业“医闹”以及挑头闹事、骨干人员违法犯罪证据，依法严厉打击。对其他聚集人员的个人身份信息进行登记掌握。

（六）现场处结：违法行为未得到制止之前，不得就医疗争议事项进行调解。控制现场后，对违法嫌疑人员逐一安全检查，规范带离。

（七）后续办理：通用。

（八）注意事项：

1. 医患纠纷由卫生行政部门处理，公安机关的主要职责是维护现场秩序，防止矛盾激化。

2. 公安机关要严格按照《公安机关维护医疗机构治安秩序六条措施》要求，对医疗机构的报警快速反应、果断处置、坚决制止，特别是对正在实施伤害医务人员行为的，必须采取果断措施坚决制止，必要时依法使用武器、警械；对非法携带管制器具进入医疗机构的，一经发现一律依法予以行政拘留；对殴打医务人员、严重扰乱医疗机构秩序的，必须依法予以治安管理处罚或者追究刑事责任。

3. 已经形成医患群体事件的警情，先期到达的处置民警的首要任务是维护现场秩序，避免局势升级，将现场情况立即汇报指挥中心请求增援。

4. 扰乱其他单位秩序的相关警情参照“医闹”警情处置。

5. 扰乱个体工商户的生产经营秩序，不宜按照扰乱单位秩序予以行政处罚；造成严重损失构成犯罪的，可以按照破坏生产经营犯罪追究刑事责任。对于扰乱个体工商户的生产经营秩序的行为应当积极作为，对相关嫌疑人进行告诫和法律宣传。

6. 注意发现、掌控首要分子和积极参与者。

第二章　重大犯罪警情处置

一、抢劫、抢夺

（一）岗前准备：通用。

（二）接警途中：与报警人电话联系，了解现场的位置、财物损失情况、抢劫、抢夺行为是否正在进行、嫌疑人所持凶器、作案人数、嫌疑人是否逃跑等情况，对现场情况初步评估。警力不足时及时报告指挥中心请求增援。

（三）进入现场：通用。

（四）现场处置（抢劫正在进行或嫌疑人尚未逃离）：

1. 表明执法身份，口头制止犯罪行为。责令抢劫、抢夺犯罪嫌疑人立即停止犯罪行为，服从人民警察命令。

2. 拒不服从人民警察制止命令的，区分不同情形向其宣布需要采取的措施，发出行动指令，参与处置的民警分工协作，共同行动，快速控制，合理约束。对其可以先行拘留，带至公安机关后立即办理立案、拘留手续。

3. 对控制约束的犯罪嫌疑人规范带离。带离前对其人身和随身物品进行必要的快速安全检查，排除安全隐患，防止危害民警安全和自伤自残事故发生。

（五）抢救伤员：通用。

（六）现场取证（嫌疑人已经逃离现场的直接进入这一环节）：

1. 表明执法身份，进一步询问报警人：主要问明案发的时间、过程、参与人数、体貌特征、所持凶器、威胁的语言、暴力伤害的部位以及被抢劫的物品特征、财物数额等。

2. 对被伤害人的受伤部位（伤口）或者被击打部位（如脚印等）拍照固定。拍摄要先拍正面整体，后拍局部和细节。相关照片应当打印附卷。

3. 抢劫、抢夺案件现场应当联系刑侦技术部门进行勘查。处置民警可以使用警戒带设立警戒区，对现场实施保护。必要时，注意对外围现场的保护，如楼道、可攀爬处、明显的逃跑路线、遗弃物品的位置和处所等。

4. 对现场的见证人进行调查走访，对周边的社会监控、行车记录仪等及时调取。

（七）现场处结：通用。

（八）后续办理：通用。

（九）注意事项：

1. 根据现场情况判断嫌疑人的作案方式（入户抢劫或者进入车内抢劫）和活动轨迹，对应当留有痕迹物证的部位重点保护。处置民警不得轻易触碰现场物品，特别是阳台、门窗（车窗玻璃）、门框、把手（车门、房门）、被翻动的物品可能留下痕迹的部位。确需进入中心现场的，应当穿鞋套、戴手套，并对自己在现场活动的情况准确记录。

2. 能判明嫌疑人逃跑路线的，可对其逃跑路线进行一定范围的搜索，以发现嫌疑人视频轨迹和丢弃的钱包、证件等物品。对发现的上述物品不得轻易触碰，规范提取。

3. 嫌疑人抢劫、抢夺后驾驶机动车辆逃跑的，谨慎处置，避免穷追不舍危及其他车辆和人员安全，及时上报指挥中心设卡堵截。

4. 被害人受惊吓过度，或处于高度紧张的状态，特别是老人、未成年人、妇女，在处置过程中应进行安慰，缓解其紧张情绪。

5. 入户抢劫的户，是指供他人家庭生活，与外界相对隔离的住所。

二、强奸、猥亵

（一）岗前准备：通用。

（二）接警途中：与报警人电话联系，了解现场的位置、性侵行为是否正在进行、嫌疑人是否持凶器、作案人数、嫌疑人是否逃跑等情况，对现场情况初步评估。

（三）进入现场：通用。

（四）现场处置（嫌疑人尚未逃离）：

1. 表明执法身份，责令嫌疑人服从人民警察命令。

2. 拒不服从人民警察命令的，区分不同情形向其宣布需要采取的措施，发出行动指令，参与处置的民警分工协作，共同行动，快速控制，合理约束。对其可以先行拘留，带至公安机关后立即办理立案、拘留手续。

3. 双方当事人各执一词，一时无法准确判断是强奸还是婚恋等矛盾的，通知双方一同到公安机关接受调查。

4. 对控制约束的犯罪嫌疑人规范带离。带离前对其人身和随身物品进行必要的快速安全检查，排除安全隐患，防止发生危害民警安全和嫌疑人自伤自残事故。

（五）现场取证（嫌疑人已经逃离现场的直接进入这一环节）：

1. 表明执法身份，请被害人到公安机关接受调查（隐私案件，不便现场询问）。

2. 强奸、猥亵案件现场由刑侦技术部门勘查。处置民警要使用警戒带设立警戒区，对现场实施保护。对可能存有精斑、血液、毛发的被褥、衣服、纸张、手帕以及纽扣、烟头、衣服碎片等遗留物予以重点保护。必要时，注意对外围现场的保护，如楼道、攀爬处、明显的逃跑路线、遗弃物品的位置和处所等。

3. 现场取证可以采取录音、录像、照相等方式进行，对现场周边的社会监控、行车记录仪等及时调取。

（六）现场处结：通用。

（七）后续办理：通用。

（八）注意事项：

1. 处置强奸、猥亵警情，一般应有女民警或女性工作人员参与。处置过程中注意方式方法，对其进行精神抚慰，避免刺激被害人。注意保护个人隐私，对衣不蔽体的，应提供衣物、被单等物品。

2. 提醒被害人暂时不要洗澡，不要丢弃和清洗相关的衣物，防止相关证据灭失。联系法医及时提取被害人指甲、乳头擦拭物、阴道擦拭物等生物检材送检。

3. 对被害人受伤害的部位及时拍照并制作人身检查笔录或伤情鉴定的方式予以固定；对隐私部位的伤害通过妇科检查病例的方式予以固定。

4. 对于被当场抓获的犯罪嫌疑人，要仔细检查是否有抓痕、咬痕和衣物破损的情况，拍照并制作人身检查笔录予以固定。

5. 询问未成年女性被害人或证人，应当通知其监护人到场，并有女工作人员在场。

6. 对可能系通奸败露、嫖资纠纷等原因，女性本人或家属报称被强奸，现场不能判明性质的，也应当正常开展现场保护、取证等处置工作，以防止证据灭失。

7. 性侵有智力障碍的女性的，应当对被性侵的女性进行性防卫能力鉴定。

8. 男性可以成为性犯罪的受侵害对象。

三、拐卖妇女儿童

（一）岗前准备：通用。

（二）接警途中：与报警人电话联系，了解现场的位置、拐卖妇女儿童的嫌疑人是否在场、收买被拐卖妇女儿童的嫌疑人是否在场等情况，对现场情况初步评估。

（三）进入现场：通用。

（四）现场处置（拐卖妇女儿童的嫌疑人尚未逃离时）：

1. 表明执法身份，责令嫌疑人服从人民警察命令。

2. 拒不服从人民警察命令的，区分不同情形向其宣布需要采取的措施，发出行动指令，参与处置的民警分工协作，共同行动快速控制，合理约束。

3. 如收买方亲属众多，应慎重处置，以解救妇女儿童为目的，尽量通过规劝的方式让相关当事人到公安机关接受调查。一般不强行解救，避免诱发暴力抗法和群体性事件。

4. 对控制约束的犯罪嫌疑人规范带离。带离前对其人身和随身物品进行必要的快速安全检查，排除安全隐患，防止危害民警安全和自伤自残事故发生。

（五）现场取证（嫌疑人已经逃离现场的直接进入这一环节）：

1. 请被害人到公安机关接受调查（可能涉及隐私，现场不便于询问）。

2. 现场取证可以采取录音、录像、照相等方式进行，对现场周边的社会监控、行车记录仪等及时调取。

（六）现场处结：通用。

（七）后续办理：通用。

（八）注意事项：

1. 及时提取被拐卖人员的生物检材，送交 DNA 鉴定，并录入全国打拐 DNA 数据库比对，尽快落实身份。

2. 现场有被拐卖的妇女儿童需要解救，可能遭遇收买方亲属阻挠的，要及时汇报指挥中心，同时给乡镇街道办事处、村（社区）干部取得联系，在他们的配合下，进行法律政策宣传，妥善开展解救工作。

3. 如被拐卖的妇女儿童属于境外人员，及时通知出入境管理部门。

4. 对被拐卖的妇女应当调查被拐卖过程中是否遭受到强奸、非法拘禁等犯罪侵害。

5. 遇有以下情形应当立即立案侦查：（1）接到拐卖妇女、儿童的报案、控告、举报的；（2）接到儿童失踪或者已满 14 周岁不满 18 周岁的妇女失踪报案的；（3）接到已满 18 周岁的妇女失踪，可能被拐卖的报案的；（4）发现流浪、乞讨的儿童可能系被拐卖的；（5）发现有收买被拐卖妇女、儿童行为，依法应当追究刑事责任的；（6）表明可能有拐卖妇女、儿童犯罪事实发生的其他情形的。

四、绑架（非法拘禁）

（一）岗前准备：通用。

（二）接警途中：与报警人电话联系，了解被拘禁人员藏身的位置、嫌疑人人数等情况，对现场情况初步评估。必要时请报警人到公安机关进行细致询问，组织充分的警力并制订周密的解救方案再付诸实施。

（三）进入现场：通用。

（四）现场处置：

1. 设有暗哨望风人员的，应当提前控制，防止通风、报信。

2. 必要时处置民警着便装进入现场，出示警察证，表明执法身份，命令现场所有违法人员保持原状，不得随意走动。必要时可以携带、出示武器以形成震慑。

3. 其他参与行动的民警迅速就位，禁止无关人员出入，防止通风、报信、跳楼、逃跑、串供、毁灭证据等。

4. 由带队民警出示警察证件，发出行动指令，参与处置的民警分工协作，共同行动，对看押现场所有人员予以控制合理约束。可以先行拘留的，带至公安机关后立即办理立案、拘留手续。

5. 对控制约束的犯罪嫌疑人规范带离。带离前对相关人员逐一进行人身和随身物品的快速安全检查，排除安全隐患，防止危害民警安全和嫌疑人自伤自残事故发生。

（五）现场取证：

1. 请被害人到公安机关接受调查（现场人员较多，不宜长时间滞留，不便于现场询问）。非法拘禁现场、绑架现场由刑侦技术部门进行现场勘查。处置民警要使用警戒带设立警戒区，对现场实施保护。对控制被害人的绳索、胶带、堵嘴的毛巾、殴打的器具，以及遗留现场的烟头等痕迹物证重点保护。

2. 对被害人被殴打的部位和伤痕进行拍照固定并及时进行伤情鉴定。

3. 现场取证可以采取录音、录像、照相等方式进行，对现场周边的社会监控、行车记录仪等及时调取。

（六）现场处结：通用。

（七）后续办理：通用。

（八）注意事项：

1. 处置过程中以人质安全作为第一原则，将解救风险控制到最低。

2. 在绑架案件中，绑架嫌疑人经常变换交易地点，一是要求被害人亲属服从配合，不激怒嫌疑人，不露破绽，麻痹嫌疑人；二是通过多种侦查措施迅速锁定嫌疑人和被害人所在位置，快速突击，完成解救任务。

五、故意伤害、故意杀人

（一）岗前准备：通用。

（二）接警途中：与报警人电话联系，了解现场位置、人员伤亡情况、暴力行为是否正在进行、嫌疑人所持凶器、作案人数、嫌疑人是否逃跑等情况，对现场情况初步评估。警力不足时及时报告指挥中心请求增援。对于此类警情指挥中心应当立即向指挥长汇报，指派刑侦、特警等专业警种一同赶赴现场处置，并通知120救护人员到场抢救伤员。

（三）进入现场：通用。

（四）现场处置（犯罪行为正在进行或嫌疑人尚未逃离）：

1. 持盾牌、钢叉等防护装备和枪支等武器呈战斗队形进入现场。

2. 表明执法身份，责令其立即停止犯罪行为，放下凶器。

3. 对拒不放下凶器的嫌疑人使用盾牌、钢叉将嫌疑人引诱或逼退到空旷地点，使用抓捕器将其制服，必要时可以使用催泪喷射器。对其可以先行拘留，带至公安机关后立即办理立案、拘留手续。

4. 非使用武器不能制止的，寻找战机果断开枪，将其击伤进行抓捕或者将其击毙。

5. 对控制约束的犯罪嫌疑人规范带离。带离前对其人身和随身物品进行必要的快速安全检查，排除安全隐患，防止发生危害民警安全和嫌疑人自伤自残事故。

（五）抢救伤员：通用。

（六）现场取证（嫌疑人已经逃离现场的）：

1. 表明执法身份，现场询问报警人：暴力行为发生的时间、过程、参与人数、体貌特征、所持凶器、伤害部位等。

2. 划定警戒区，由一名经验丰富的民警进入现场，对被害人的生命体征进行观察。无论被害人的生命体征是否完全消失，都应当及时拨打120急救电话，请医护人员到场。对经医护人员确认生命体征完全消失，宣布死亡的，直接退出现场，等待刑侦技术部门勘查现场。

3. 第一时间对受伤人员的伤害部位（伤口）或者被击打部位（如脚印、抓痕等）拍照固定。在等待急救车辆到达期间，快速询问伤者重点情况：事发原因、事情经过、是否认识嫌疑对象（姓名、住址、联系方式）、参与人数、体貌特征、所持凶器、伤害的部位、逃跑方向等。对伤势危重、有生命危险的伤者，要跟随急救车尽可能详细地询问上述内容。询问过程使用执法记录仪全程录像。

4. 抢救伤者过程中，注意对现场的保护，避免现场的民警以及被害人家属对现场造成破坏，特别是对遗留现场的凶器禁止触摸。伤者送医后处置民警应当使用警戒带对现场封闭保护。必要时，扩展至外围现场的保护，如楼道、可攀爬处、明显的逃跑路线、遗弃物品的位置和处所等。

5. 调查走访现场周边见证人，对现场周边的社会监控、行车记录仪等及时调取。

（七）现场处结：通用。

（八）后续办理：通用。

（九）注意事项：

1. 根据现场情况判断嫌疑人的作案方式和活动轨迹，对应当留有痕迹物证的部位重点保护。处置民警不得轻易触碰现场物品，特别是阳台、门窗、门框、把手（车门、房门）、被翻动的物品、作案凶器等可能留下痕迹的部位，确需进入中心现场的，应当穿鞋套、戴手套，并对自己在现场活动的情况准确记录。

2. 能判明嫌疑人逃跑路线的，可对其逃跑路线进行一定范围的搜索，以发现嫌疑人丢弃的血衣、凶器等物品。对发现的上述物品不得轻易触碰，规范提取。

3. 凶杀现场位于城市交通要道、繁华地区街道或轨道交通的轨道上，应当迅速采取有效措施排除交通障碍，在不破坏现场的情况下，对现场（尸体）适当遮挡。

4. 抓捕或追捕嫌疑人时要注意安全，防止嫌疑人再次行凶。抓捕后要细致进行人身安全检查，对可能造成人身伤害的器物一并予以扣押，同时要严加看管，防止出现脱逃、自杀、自伤、自残等行为。

5. 伤害类案件存在和解可能，但民警在处警过程中必须注意对现场物证、证人证言等证据的固定，以免证据灭失，造成被动。

六、（扬言进行）爆炸、放火、投放危险物质

（一）岗前准备：通用。

（二）接警途中：与报警人电话联系，了解现场位置、危害公共安全的行为是否已经发生、人员伤亡情况、作案人数、嫌疑人是否逃跑等情况，对现场情况初步评估。对于此类警情指挥中心应当立即向指挥长汇报，指派刑侦、特警等专业警种赶赴现场，必要时联系应急救援部门一同处置，并通知120救护人员到场抢救伤员。

（三）进入现场：通用。

（四）现场处置（犯罪行为正在进行或作案后尚未逃离）：

1. 民警进入现场后，立即设立警戒区，疏散现场居民和围观群众，维护现场秩序，防止危害公共安全后果发生。对于已经发生危害后果的，防止危害后果扩大和蔓延。

2. 对嫌疑人尚未实施危害行为，但手持危险物品扬言实施的，不得有任何刺激性言行。制止周围围观群众不当言行，避免嫌疑人情绪波动采取过激行为。不得擅自采取抓捕行动。

3. 抓捕组在指挥部命令下，进行充分安全评估后呈战斗队形进入现场，果断采取抓捕措施。必要时依据《中华人民共和国人民警察使用警械和武器条例》的规定使用武器。对

其可以先行拘留，带至公安机关后立即办理立案、拘留手续。

4. 控制现场：对控制约束的犯罪嫌疑人规范带离。带离前对其人身和随身物品进行必要的快速安全检查，排除安全隐患，防止发生危害民警安全和嫌疑人自伤自残事故。

（五）抢救伤员：通用。

（六）现场取证（嫌疑人已经逃离现场的）：

1. 表明执法身份，现场询问报警人：上述危害公共安全行为发生的时间、过程、参与人数、体貌特征、危害方法、造成的危害、潜在危险等。

2. 由少数经验丰富的民警佩戴防护器具进入现场，对现场危害后果（伤亡人数、财产毁损情况）、危险等级（潜在的危险程度）、波及范围（已经波及的区域和潜在波及的区域）以及被波及人员的生命体征进行观察。对生命体征尚未完全消失，有抢救可能的伤者，带离危险区域，并及时拨打120急救电话，请医护人员到场抢救。现场人员生命体征完全消失，确定死亡的，直接退出现场，划定警戒区，等待刑侦技术部门勘查现场。

3. 第一时间对受伤人员的伤害部位（伤口）拍照固定。在等待急救车辆期间，快速询问伤者重点情况：事发原因、伤害经过、是否认识嫌疑人对象（姓名、住址、联系方式）、参与人数、体貌特征、危害行为实施的过程、逃跑方向等。对伤势危重、有生命危险的伤者，必要时跟随急救车尽可能详细地询问上述内容。询问过程使用执法记录仪全程录像。

4. 对现场周边的见证人调查走访，对现场周边的社会监控、行车记录仪等及时调取。

（七）现场处结：通用。

（八）后续办理：通用。

（九）注意事项：

1. 对于此类警情，指挥中心应当及时启动相关处置预案，指派刑侦、治安、交巡警、特警、反恐以及情报中心等部门尽快派员赶赴现场，根据各自职责开展工作。联系应急救援和卫生急救人员一同到场处置。必要时指派一名现场指挥员负责现场的指挥调度。现场指挥员赶到现场前，重要的处置情况应及时向指挥中心汇报。

2. 处置过程中，以现场群众、处置民警和执法对象的安全为第一原则，将风险控制到最低。

3. 处置过程中，发现未爆装置或者其他安全隐患的，应当迅速上报指挥部，在专业技术人员和技术设备未到达现场前不得擅自触碰。必要时屏蔽手机信号，防止嫌疑人引爆遥控爆炸装置。

4. 应当在第一时间划定警戒线，设立警戒区，防止发生次生灾害，造成更为严重的后果。现场保护范围一般以爆炸（事发）点为中心，以发现的最远抛出物距离爆炸点的1.5倍为半径划定。

5. 处置过程中，必要时可以使用武器，严格依照《中华人民共和国人民警察使用警械和武器条例》的规定使用武器。

6. 在抢救伤者的过程中，注意对现场的保护，避免现场民警以及医护人员和其他参与抢险人员对现场造成的破坏。伤者送医后处置民警要使用警戒带封闭现场，对现场实施保护。

7. 上述犯罪案件的现场勘查工作，应当在排除险情后进行。根据现场情况判断嫌疑人的作案方式和活动轨迹，对应当留有痕迹物证的部位重点保护。处置民警确需进入中心现场的，应当穿鞋套、戴手套，并对自己在现场活动的情况准确记录。

8. 能判明嫌疑人逃跑路线的，可对其逃跑路线进行一定范围的搜索，以发现嫌疑人丢弃的作案工具等物品。对发现的上述物品不得轻易触碰，应规范提取。

9. 上述犯罪现场位于城市交通要道、繁华地区街道或轨道交通的轨道上，应当迅速采取有效措施排除交通障碍，在不破坏现场的情况下，对现场（尸体）适当遮挡。

10. 抓捕或追捕嫌疑人时要注意安全，防止嫌疑人再次行凶。抓捕后要细致进行人身安全检查，对可能造成人身伤害的器物一并予以扣押，同时要严加看管，防止出现脱逃、自杀、自伤、自残等行为。

11. 宣传、网安等部门应密切关注网络舆情，防止案件被歪曲和炒作。

七、劫持人质

（一）岗前准备：通用。

（二）接警途中：及时与报警人取得联系，了解现场位置、被挟持的人数、是否有人员伤亡、参与挟持作案的人数、所持凶器，对现场情况初步评估。对于此类警情指挥中心应当立即向指挥长汇报，指派刑侦、特警、武警等专业警种前往，必要时联系应急救援部门一同赶赴现场处置，并通知120救护人员到场抢救伤员。必要时明确一名现场指挥员负责现场的指挥。

（三）进入现场：通用。

（四）现场处置：

1. 民警进入现场后，立即设立警戒区，疏散现场居民和围观群众，维护现场秩序，防止危害安全后果发生。必要时实行交通管制，开辟处置和救援绿色通道。

2. 嫌疑人尚未实施伤害人质的行为，但手持凶器扬言实施的，不得有任何刺激性言行，制止周围围观群众的不当言行，避免犯罪嫌疑人情绪波动而采取过激行为。严禁擅自采取抓捕行动。

3. 采取对话、喊话等措施稳定嫌疑人情绪，保证人质安全，等待增援力量。

4. 指挥员达到现场后，及时报告基本案情、涉案人员情况、处置现状、危害评估预测，并根据指令开展下一步工作。

5. 各警种带队负责人到达现场后，向现场指挥员报到，组成现场指挥部，根据现场态势随机应变，采取应对措施。可以采取以下措施：（1）派出谈判专家与嫌疑人沟通，从法律、亲情等方面进行教育感化；（2）派出特警狙击手，占领制高点，等待战斗命令。一旦谈判失败、危及人质安全，果断使用武器击毙嫌疑人；（3）派出突击组，利用嫌疑人提出饮食、药物、医护、车辆需要的时候，隐蔽地接近嫌疑人，然后出手制服嫌疑人；（4）派出强攻组，综合运用各种手段摸清现场房屋的结构，嫌疑人的人数、持有武器情况，人质的数量和位置，等待命令实施强攻。强攻命令下达后，使用震爆弹和枪支等武器快速实施强攻，武力解救人质，抓捕犯罪嫌疑人。对其可以先行拘留，带至公安机关后立即办理立案、拘留手续。

6. 解救人质，抓捕嫌疑人后，约束控制违法犯罪嫌疑人规范带离。带离前进行必要的快速安全检查，排除安全隐患，防止危害民警安全和嫌疑人自杀、自伤、自残事故发生。

（五）抢救伤员：由现场医护人员负责。抢救伤者过程中，注意对现场的保护，避免现场民警以及医护人员对现场造成的破坏。伤者送医后处置民警要使用警戒带封闭现场，实施保护。

（六）现场取证：

1. 表明执法身份，询问报警人：劫持人质事件发生的时间、过程、参与人数、体貌特征、造成的危害、潜在危险等。

2. 现场抓捕和解救人质完成后应当保持警戒区，对现场进行保护，由刑侦技术部门勘查现场。

3. 第一时间对受伤人员的伤害部位（伤口）拍照固定。在等待急救车辆期间，快速询问伤者重点情况：事发原因、伤害经过、是否认识嫌疑人（姓名、住址、联系方式）、参与人数、体貌特征、危害行为实施的过程、逃跑方向等。对伤势危重、有生命危险的伤者，必要时跟随急救车尽可能详细地询问上述内容。询问过程使用执法记录仪全程录像。

4. 对现场见证人调查走访，对现场周边的社会监控、行车记录仪等及时调取。

（七）现场处结：通用。

（八）后续办理：通用。

（九）注意事项：

1. 对于此类警情，指挥中心应当立即向指挥长汇报，及时启动相关处置预案，刑侦、治安、交巡警、特警、反恐以及情报中心、武警、应急救援等部门尽快派员赶赴现场，根据各自职责开展工作。必要时指派一名现场指挥员负责现场的指挥调度。现场指挥员赶到现场前，重要的处置情况及时向指挥中心汇报。

2. 处置过程中，要以现场群众、处置民警和人质的安全为第一原则，将风险控制到最低。

3. 处置过程中，发现未爆装置或者其他安全隐患的，应当迅速上报指挥部，在专业技术人员和技术设备未达到现场前不得擅自触碰。必要时屏蔽手机信号，防止嫌疑人引爆遥控爆炸装置。

4. 处置过程中，应当在第一时间划定警戒线，设立警戒区，封闭现场，防止对处置造成干扰。犯罪嫌疑人亲友主动要求参与规劝的，应当报请现场指挥员同意。

5. 处置过程中，必要时可以使用武器，严格依照《中华人民共和国人民警察使用警械和武器条例》的规定使用武器。

6. 现场勘查工作，应当在解救人质、抓捕嫌疑人之后进行。根据现场情况判断嫌疑人的作案方式和活动轨迹，对应当留有痕迹物证的部位重点保护。处置民警确需进入中心现场的，应当穿鞋套、戴手套，并对自己在现场活动的情况准确记录。

7. 能判明嫌疑人逃跑路线的，可对其逃跑路线进行一定范围的搜索，以发现嫌疑人丢弃的作案工具等物品。对发现的上述物品不得轻易触碰，规范提取。

8. 劫持人质现场位于城市交通要道、繁华地区街道，或轨道交通的轨道上，应当迅速采取有效措施排除交通障碍，在不破坏现场的情况下，对现场适当遮挡。

9. 处置过程中，不得向媒体泄露任何有关案件情况，照片、录像资料等，不得擅自接受媒体采访。防止劫持人质的嫌疑人通过媒体报道了解警方的警力部署和相关措施。

10. 宣传、网安等部门应密切关注网络舆情，防止案件被歪曲和炒作。

第三章　网络侵害警情处置

一、电信网络诈骗、盗窃

（一）岗前准备：通用。

（二）接警途中：与报警人电话联系，了解受害时上网的位置、电脑是否已经关机等情况。电脑尚未关机的提醒被害人不要关机。

（三）进入现场：通用。

（四）现场处置：略。

（五）现场取证：

1. 表明执法身份，进一步询问网络诈骗报警人：被害经过（嫌疑人是如何虚构事实的、自己是否出于错误认识而处分财产）、上网地点、网上操作过程、汇款地点、损失情况、是否留有电子数据、涉案网址、嫌疑人虚拟身份和联系方法（手机号码、邮箱、QQ、阿里旺旺等）、嫌疑人账号（银行账号、支付宝、第三方支付平台账号）等内容。

2. 现场询问网络盗窃报警人：问明被害经过，回忆近期是否有使用银行卡、使用网上银行、进行网上购物等可能泄露银行账号、密码的使用情况，以及是否有发现电脑被病毒感染、被远程操控的可能。

3. 收集固定电子证据：通过照相、录像、电脑截图等方式固定被害人手机、电脑中的电子证据，并将需要作为证据使用的电子设备予以固定封存，及时送网安部门进行电子勘验。

4. 对刚刚发生的案件，采取紧急止付措施，尽力挽回和减少损失：（1）联系反诈中心采取紧急止付措施；（2）通过电话银行冻结止付：拨打诈骗账号归属地客服电话，根据语音提示输入该账号，然后重复输入错误密码3~5次；（3）网上银行冻结止付：登录诈骗账号银行网址，进入网上银行界面输入该账号，然后重复输入错误密码3~5次。

（六）现场处结：通用。

（七）后续办理：通用。

（八）注意事项：

1. 第一时间将相关信息录入反诈信息平台，尽可能拦截资金不被转移。

及时呈请立案，制作《冻结财产通知书》，通知金融机构等单位执行。

2. 常见银行客服电话：中国银行：95566；工商银行：95588；农业银行：95599；建设银行：95533；交通银行：95559；招商银行：95555；光大银行：95595；兴业银行：95561；民生银行：95568；浦发银行：95528；中信银行：95558。

3. 封存电子设备和存储介质的方法：（1）保证在不解除

封存的状态下无法使用被封存的介质和启动被封存的电子设备；（2）直接切断电源，不正常关机；（3）封存前后应当拍摄电子设备和存储介质的照片，从各个角度反映设备封存前后的状况，清晰反映封口或张贴封条的状况。

二、网络诽谤、寻衅滋事

（一）岗前准备：通用。

（二）接警途中：与报警人电话联系，了解受害时上网的位置、电脑是否已经关机等情况，电脑尚未关机的提醒被害人不要关机。

（三）进入现场：通用。

（四）现场处置：略。

（五）现场取证：

1. 表明执法身份，现场询问报警人：上网地点、如何发现网上诽谤辱骂的内容、点击数量、影响范围以及嫌疑人虚拟身份和联系方法（手机号码、邮箱、QQ、阿里旺旺等）、涉案网址、是否留有电子数据等。

2. 收集固定电子证据：通过照相、录像、电脑截图等方式固定被害人手机、电脑中的电子证据，并将需要作为证据使用的电子设备予以固定封存，及时送网安部门进行电子勘验。电子证据固定封存方法参照第一节。

（六）现场处结：通用。

（七）后续办理：通用。

（八）注意事项：

1. 对容易引发炒作和媒体关注的网上寻衅滋事和诽谤案件，及时报告指挥中心并通报网安部门开展舆情稳控工作。

2. 收集证据时，注意固定信息公布的网站页面位置、网站注册会员人数、点击数、转发次数等情况。

3. 利用信息网络诽谤他人，具有下列情形之一的，认定为《中华人民共和国刑法》第二百四十六条第二款规定的“严重危害社会秩序和国家利益”，依照公诉案件程序办理：（1）引发群体性事件的；（2）引发公共秩序混乱的；（3）引发民族、宗教冲突的；（4）诽谤多人，造成恶劣社会影响的；（5）损害国家形象，严重危害国家利益的；（6）造成恶劣国际影响的；（7）其他严重危害社会秩序和国家利益的情形。对于不符合上述七种情形的，告知被害人前往当地人民法院提起诉讼。

4. 不论是否系公诉案件，处置民警都有义务协助报警人固定原始证据；符合公诉条件的依法落地查人，开展侦查工作。

5. 利用信息网络辱骂、恐吓他人，情节恶劣，破坏社会秩序的，依照《中华人民共和国刑法》第二百九十三条第一款第二项的规定，以寻衅滋事案立案侦查。

三、网络散布虚假信息、虚假恐怖信息

（一）岗前准备：通用。

（二）接警途中：与报警人电话联系，了解上网的位置、电脑是否已经关机等情况。电脑尚未关机的提醒被害人不得关机。

（三）进入现场：通用。

（四）现场处置：略。

（五）现场取证：

1. 表明执法身份，现场询问报警人：上网地点、网上发现虚假恐怖信息过程、涉案网址、虚假信息（虚假恐怖信息）内容、涉及区域、传播途径、影响范围、点击数量、嫌疑人虚拟身份以及是否留有电子数据等。

2. 收集固定电子证据：通过照相、录像、电脑截图等方式固定被害人手机、电脑中的电子证据，并将需要作为证据使用的电子设备予以固定封存，及时送网安部门进行电子勘验。

（六）现场处结：通用。

（七）后续办理：通用。

（八）注意事项：

1. 对可能引发社会恐慌和可能造成社会秩序严重混乱的网上虚假信息警情，应当第一时间报告指挥中心并通报网安部门开展舆情稳控工作。

2. 及时收集固定证据，注意固定信息公布的网站页面位置、网站注册会员人数、点击数、转发次数等情况。

3. 固定证据后，由网安部门通知涉事的网站对出现的谣言信息一律予以删除，建议有关部门尽快制定对外口径，公布真相，及时辟谣，采取适当舆论引导措施，消除民众恐慌情绪。

4. 对编造虚假信息，或者明知是编造的虚假信息，在信息网络上散布，或者组织、指使人员在信息网络上散布，起哄闹事，造成公共秩序严重混乱的，以寻衅滋事案立案侦查；对编造、故意传播虚假恐怖信息的，以编造、故意传播虚假恐怖信息案立案侦查。

四、参与网络传销、网络非法经营、网络非法吸收公众存款

（一）岗前准备：通用。

（二）接警途中：与报警人电话联系，了解上网的位置、电脑是否已经关机等情况，电脑尚未关机的提醒被害人不得关机。

（三）进入现场：通用。

（四）现场处置：略。

（五）现场取证：

1. 表明执法身份，进一步询问报警人：上网地点、网上操作过程、涉案网址、投资交易平台的名称、投资账号、交易的品种、数量、计酬方式、获利情况、理财平台中介绍加入的人员是否存在层级关系和计酬提成、是否存在高息（实物利息）作为诱饵、投资平台和现货交易平台是否存在 T+0 的交易模式、是否存在实物交割等情况、是否留有电子数据和银行交易明细等。

2. 收集固定电子证据：通过照相、录像、电脑截图等方式固定被害人手机、电脑中的电子证据，并将需要作为证据使用的电子设备予以固定封存，及时送网安部门进行电子勘验。

3. 报案人名下的与投资交易平台关联的银行卡号和银行交易明细等。

（六）现场处结：通用。

（七）后续办理：通用。

（八）注意事项：

1. 网络平台类案件警情，应当及时收集固定相关证据，必要时进行远程电子勘验，防止平台关闭、核心证据无法获取。

2. 网络平台类警情涉及人员众多，容易引发不稳定因素，及时向经侦部门通报请求介入，并逐级汇报预警。

3. 对于不在本省的网络平台，进行刑事立案和采取强制措施以及冻结、扣押财产前，应当向省厅汇报。

第四章 纠纷类警情处置

纠纷类警情处置原则：纠纷类警情态势复杂，随时可能激化为双方激烈对抗的案件，或者与处置民警发生争执甚至冲突。压缩现场处置时间，引导双方到公安机关，尽快脱离现场环境，在平稳可控的环境下予以调解，是纠纷类警情处置的要旨。

一、家庭邻里纠纷、婚恋纠纷

（一）岗前准备：通用。

（二）接警途中：及时与报警人电话联系，问明纠纷现场的位置、双方的人员情况、激烈程度、是否发生肢体冲突等情况，并对现场情况初步评估。

（三）进入现场：

1. 分工负责：处警组负责人应当根据初步评估的情况对小组成员进行简单分工，责任到人。

2. 视频记录：进入现场前开启执法记录仪，重点记录当事人双方和现场情况，处置民警同时对现场周边环境、围观群众、车辆号牌等一并记录。

3. 及时报备：到达现场后及时向指挥中心报备，迅速判断现场态势，发现处置警力不足时，立即报告请求支援。

（四）现场处置：纠纷现场有家庭暴力、殴打他人、堵门、非法侵入住宅等违法犯罪行为的，参照本编第一章相关警情处置。纠纷现场未发生违法犯罪行为的情形，采取以下措施处置：

1. 表明执法身份，应当主动介入其中，将双方隔离，分别向双方了解情况，让双方无暇吵骂，给双方情绪降温。

2. 可以请婚恋双方家长、纠纷双方亲属、当地德高望重的人或者基层组织、相关单位、群众自治组织、司法调解组织的相关人员到场协助调解。

3. 短时间不能劝离的，引导双方到派出所调解室调解，尽快脱离现场环境，防止在现场纠缠时间过长，导致局势升级。带离过程中要防止双方当事人发生肢体冲突。

（五）抢救伤员：略。

（六）现场取证：通用。

（七）现场处结：除当场处罚、现场调解外，对于纠纷或者纠纷引发吵骂以及轻微肢体冲突的警情，可以采用规劝的缓和方式邀请双方一起到派出所调解室处理，尽快脱离现场环境。离开现场时，应当将现场处置情况向指挥中心报告。

在派出所调解室达成调解协议并当场履行的，视为现场调解的继续和延伸。

（八）后续办理：通用。

（九）注意事项：

1. 民警对于纠纷的调解，是搭建双方沟通交流的平台，提供稳定、有序的协商环境，民警不介入纠纷调解的实质内容，可以明确告知当事人有权通过民事诉讼途径解决。

2. 调解在必要时可以邀请基层组织、相关单位、群众自治组织、司法调解组织、当地德高望重的人，或与双方熟悉的有关人员到场协助处理。

3. 及时将邻里家庭纠纷的处置情况推送给社区民警，由社区民警持续关注，防止再次发生纠纷或者纠纷演变为暴力犯罪。

4. 准确把握不适宜调解的情形。

二、消费纠纷

（一）岗前准备：通用。

（二）接警途中：及时与报警人电话联系，问明纠纷现场的位置、双方的人员情况、激烈程度、是否发生肢体冲突等情况，并对现场情况初步评估。

（三）进入现场：通用。

（四）现场处置（纠纷现场未发生违法犯罪行为的情形）：

1. 表明执法身份，主动介入其中，将双方隔离，分别向双方了解情况，让双方无暇吵骂，给双方情绪降温。

2. 告知双方协商解决或者到市场监管、食药监等部门解决，必要时报告指挥中心协调相关部门派员到场处理，或者引导双方到相关部门办公地点，将纠纷情况向相关部门工作人员介绍、交接后离开。

3. 双方都拒绝离开现场，短时间不能劝离的，引导双方到派出所调解室调解，尽快脱离现场环境。防止在现场纠缠时间过长，导致局势升级。带离过程中防止双方当事人发生肢体冲突。

4. 因消费纠纷发生的打架斗殴等违法犯罪行为的，参照本编第二章第一节殴打他人警情处置。

（五）抢救伤员：略。

（六）现场取证：通用。

（七）现场处结：通用。

（八）后续办理：通用。

（九）注意事项：

1. 对因消费债务纠纷引发的打架斗殴等违法犯罪行为应当及时调查取证，依法处理。

2. 部分消费纠纷现场虽然未发生违法犯罪行为，但是存在升级为打架斗殴等违法犯罪行为的潜在可能，处置民警不得以消费纠纷不属于公安机关管辖为由离开现场，任由事态发展。

3. 对消费纠纷中发现的圈套消费、欺诈消费以及商家的“宰客”行为，移交政府相关部门处理；强迫交易、生产销售伪劣产品等违法犯罪行为交由治安部门侦查。

三、房屋租赁纠纷

（一）岗前准备：通用。

（二）接警途中：与报警人电话联系，问明纠纷现场的位置、双方的人员情况、激烈程度、是否发生肢体冲突等情况，并对现场情况初步评估。

（三）进入现场：通用。

（四）现场处置：

1. 表明执法身份，应当主动介入其中，将双方隔离，由两名民警分别向双方了解情况，让双方无暇吵骂，给双方情绪降温。

2. 短时间不能劝离的，引导双方到派出所调解室调解，尽快脱离现场环境。防止在现场纠缠时间过长，导致局势升级。带离过程中要防止双方当事人发生肢体冲突。

3. 租赁纠纷人有实施堵门、非法侵入住宅，或者非法限制人身自由、打架斗殴等违法犯罪行为的，参照本编第一章相关警情处置。

（五）抢救伤员：略。

（六）现场取证：通用。

（七）现场处结：通用。

（八）后续办理：通用。

（九）注意事项：

1. 因房屋租赁引发的堵门、非法侵入住宅、非法限制人身自由、打架斗殴、故意毁坏财物等违法犯罪行为，应当及时调查取证，依法处理。

2. 在房屋租赁纠纷中，多数没有书面合同，容易引发矛盾。民警在组织调解的过程中，应当熟悉相关的民事法律法规，做到于法有据，以理服人。

四、经济纠纷（如扣留车辆或物品）

（一）岗前准备：通用。

（二）接警途中：与报警人电话联系，问明纠纷现场的位置、双方的人员情况、激烈程度、是否发生肢体冲突等情况，并对现场情况初步评估。警力不足时，及时请求增援。

（三）进入现场：通用。

（四）现场处置：

1. 表明执法身份，责令纠纷双方立即停止改变财物控制权的行为。

（1）正在强占的。对正在现场采取拦截、侵夺、强行扣留财物等方式强占他人控制的财物的，责令停止强占行为，使财物恢复到强占前的实际控制状态。

（2）完成强占的。采取拦截、侵夺、强行扣留财物等方式强占他人控制的财物的行为已完成，强占方及被强占财物均不在现场的，查明双方身份，责令强占一方使财物恢复到强占前的实际控制状态。

（3）不涉及违法犯罪的。债权人已通过借用、留置、质押或者实现抵押权等方式占有债务人财物，债务人要求返还被拒绝，现场没有发现违法犯罪行为的，按照不属于公安机关管辖的流程处理。

2. 听取双方陈述，告知当事人通过民事诉讼、仲裁或者人民调解等合法途径解决，并告知强占方相关法律后果。

3. 双方短时间不能协商解决，或者对立情绪激烈，有矛盾升级可能的，引导双方到派出所调解室调解，尽快脱离现场环境。防止在现场纠缠时间过长，导致局势升级。

4. 对纠纷现场出现堵门、非法侵入住宅或者非法限制人身自由、打架斗殴等违法犯罪行为的，参照本编第一章相关警情处置。

（五）抢救伤员：略。

（六）现场取证：通用。

（七）现场处结：通用。

（八）后续办理：

1. 对当事人双方简要制作调查询问笔录，记清双方的个人基本情况、通信方式、事情发生经过、主张占有争议财物的依据等。笔录制作的过程也是谈话训诫教育过程，让双方意识到公安机关留有记录，不敢升级事态。既为双方诉讼固定了初步证据，又为引导诉讼奠定了基础，同时可以避免处置单位行政不作为。

2. 告知双方有权通过诉讼方式解决，要求双方交换姓名、年龄、身份证号码、家庭住址、电话号码等个人资料，引导双方到人民法院对有争议的财物申请财产保全。在法院作出保全措施前，建议双方委托无利害关系的第三方保管。

（九）注意事项：

1. 处置民警不得以此类警情属于经济纠纷，要求涉事双方到法院诉讼为由简单结束警情处置，而是应当引导双方至公安派出所调解室。这不是插手经济纠纷，而是提供平稳可控的协商环境，避免事态恶化。

2. 处置民警无权改变争议物的实际控制权，无权判断争议物的产权归属，但有职责防止争议双方矛盾激化，引发刑事、行政案件。

3. 处置此类警情，只对涉及公安机关管辖范围内的违法犯罪作出处理。对民事债权债务关系以及不涉及违法犯罪的讨债行为不处理、不认定，不偏不倚，保持中立。谨慎处置相关财物，对不涉及违法犯罪的财物不得扣押或者代为保管。

五、债务纠纷、劳动纠纷、多人讨债

（一）岗前准备：通用。

（二）接警途中：及时与报警人电话联系，问明纠纷现场的位置、双方的人员情况、激烈程度、是否发生肢体冲突等情况，并对现场情况初步评估。遇有警力不足的情形，及时请求增援。

（三）进入现场：通用。

（四）现场处置：

1. 纠纷现场人数较少未发生违法犯罪行为的，处置民警表明身份，主动介入其中，将双方隔离，分别向双方了解情况，听取双方陈述，给双方情绪降温。短时间不能现场调解终结的，引导双方到派出所调解室调解，尽快脱离现场环境，防止在现场纠缠时间过长，导致局势升级。带离过程中要防止双方当事人发生肢体冲突。

2. 讨债人员较多时：

（1）表明执法身份，听取双方陈述。

（2）稳定双方情绪，不激化矛盾。做好领头讨债人的教育、控制工作。

（3）没有违法犯罪行为的，严正警告讨债人不得采取违法犯罪手段解决债务纠纷。必要时，隔离双方人员。告知讨债人采取违法犯罪行为讨债的法律后果，劝导通过民事诉讼、仲裁或者人民调解等合法途径解决，进行法制宣讲，引导正确维权。

（4）讨债过程中发生违法犯罪行为时，立即果断制止。有殴打他人、故意伤害、非法侵入住宅、非法限制人身自由等侵犯公民人身、财产权利违法行为，符合当场治安调解条件的，可以当场调解。当场调解不成，当事人愿意继续接受调解的，可以带至公安机关继续调解。拒不服从的，依法传唤至公安机关调查处理。尽快脱离现场环境，防止纠缠时间过长、局势升级。

（五）抢救伤员：略。

（六）现场取证：通用。

（七）现场处结：通用。

（八）后续办理：通用。

（九）注意事项：

1. 对民工集体讨薪的，及时报告指挥中心通知人力资源社会保障主管部门、欠薪单位及劳动监察部门派员到场处置，并配合其进行法制宣讲，引导民工向相关部门投诉，或者通过司法途径解决纠纷。

2. 注意区分债务内容是否属于与违法犯罪相关的赌债、

诈骗、非法集资等。区别对待债权人讨债和职业讨债行为，并注意观察讨债人、职业讨债人员是否属于黑恶势力。

3. 对因债务纠纷引发的打架斗殴、非法限制人身自由、损坏财物、扰乱单位秩序、非法侵入住宅等违法犯罪行为应当及时调查取证，依法处理。

4. 部分债务纠纷现场虽然未发生违法犯罪行为，但是存在升级为打架斗殴、非法限制人身自由、损坏财物、扰乱单位秩序、非法侵入住宅等违法犯罪行为的潜在可能，应当告知双方可以通过诉讼的方式依法解决，并告知双方违法责任，劝导其中一方离开现场。短时间不能劝离的，引导双方到派出所调解室调解，搭建双方沟通交流的平台，提供稳定有序的商谈环境。双方调解不成的，告知双方当事人通过诉讼或者仲裁等途径依法解决。

5. 处置民警不得以债务纠纷不属于公安机关管辖为由离开现场，任由事态发展。

6. 对因赌博、卖淫嫖娼、贩毒等违法犯罪行为形成的非法债务，应当及时依法查处。

第五章　求助类警情处置

求助类警情处置原则：求助类警情种类繁多，部分警情有安全风险，确保求助群众、参与救援群众和处置民警安全，是求助类警情处置的要旨。

一、溺水

（一）岗前准备：除一般装备外，必须携带救生衣、救生圈、救生绳、救生杆等必要的救援器材前往处置。

（二）接警途中：与报警人电话联系，问明溺水现场的位置、溺水的人数、是否有人伤亡等内容，对现场情况初步评估。处置民警和辅警中没有人具备游泳技能的，应当汇报给指挥中心请求增援。指挥中心应当优先指派具有救援技能的民警迅速出警。必要时联系水警、港航公安、应急救援、海事、医疗急救等部门以及社会专门力量到场施救。

（三）进入现场：通用。

（四）现场处置：

1. 向报警人了解溺水的人数、身份、年龄、溺水的时间、地点、原因、周边水域等有关情况。

2. 根据现场实际情况，在确保处置民警自身和参与救援群众安全的情况下，迅速使用携带的救援整备和现场可以利用的物品，组织开展救援工作，不得等待观望、袖手旁观。责令有关单位和个人在救援期间停止在救援水域内进行有碍救援的作业。

3. 发现溺水人员的情形：

（1）主动救援。必要时，熟悉水性的民警配戴防护和救生设备，下水施救。不熟悉水性的民警，积极高声呼救、寻找施救工具、辅助救援。

（2）配合救援。专业人员到场的，现场民警积极配合其救援；熟悉水性的落水人员亲友或者现场群众自愿下水搜救的，尽量为其提供相应设备和帮助，并提醒注意安全。

（3）优先选择投掷救生设备的方法实施救援。无法投掷救生设备的，选派具备游泳技能的人员入水实施救援。入水前，必须检查救生员自身装备。遇有山洪暴发、水流湍急的情形，救生员在入水前应当捆扎救生绳。

4. 未发现溺水人员的：

（1）在溺水地点附近及下游向水下探索。有条件的，可以商请专业救援力量扩大范围搜索。

（2）经工作仍找不到溺水人员的，向指挥中心报告，请求下游水警、港航公安、水上救援等部门协助打捞和搜救。

5. 对于确认溺水者已经死亡的，及时通知溺水人员家属，同时应当做好解释工作，防止群众误解公安机关不作为。

（五）抢救伤员：溺水者上岸后，积极配合120急救人员开展急救工作。120急救人员未能及时到达现场的，积极采取人工呼吸等急救措施。

（六）现场取证：通用。

（七）现场处结：采取多种救助手段仍不成功，需要离开现场的，应当报经指挥中心负责人批准；对家属做好解释工作，防止误解。

（八）后续办理：通用。

（九）注意事项：

1. 无法保证施救人员自身安全的，不盲目下水或者动员组织现场群众下水施救。但应当积极实施有效救援活动，如向溺水者投掷救生器材，寻找船只施救，联系应急救援、水上救援部门尽快赶往事发地点施救等。

2. 现场围观人员较多时，注意疏散围观群众，维护现场秩序。防止围观人群拥挤，出现再次落水的情况。

3. 对于溺水人员有明显伤痕，或者死后入水等可能构成刑事案件的，应当及时联系刑侦部门勘验现场。

4. 现场发现的溺水人员遗落的物品应当予以收集、固定。

二、触电

（一）岗前准备：通用。

（二）接警途中：与报警人电话联系，问明触电现场的位置、触电的人数、是否有人伤亡等内容，对现场情况初步分析评估。必要时请指挥中心联系电力部门一同前往处置。有人员伤亡的，提前拨打120，通知急救人员同步赶往现场。

（三）进入现场：通用。

（四）现场处置：

1. 疏散围观群众，在安全距离外设置警戒带、警示牌，维护现场秩序，防止现场人员再次触电。

2. 根据现场实际情况，在确保处置民警自身和参与救援群众安全的情况下，寻找电源开关，断开电路。

3. 暂时未找到电源或者无法切断电源的情况下，在安全的地方，使用木棍挑拨等方法将电线与触电人员分离。

4. 必要时协调电力部门采取区域断电的方式，并派遣电力专业人员赶到现场处置。

（五）抢救伤员：脱离电源后，积极配合120急救人员开展急救工作。120急救人员未能及时到达现场的，积极采取人工呼吸等急救措施。

（六）现场取证：通用。

（七）现场处结：通用。

（八）后续办理：通用。

（九）注意事项：

1. 在未确定已经断电的情况下，不得贸然接近和触摸触电者。

2. 处警警车不要过分接近触电区域，避免民警下车后因地导电而触电。

3. 触电现场发生火灾的，应当使用干粉灭火器灭火，严禁使用水扑救。

4. 对于可能涉及刑事案件的，及时联系刑侦部门勘验现场，对证据予以搜集固定。

三、开锁求助

（一）岗前准备：通用。

（二）接警途中：与报警人电话联系，问明现场位置、处所的性质、开锁的原因等内容，对非紧急求助，可以告知报警人与公安部门备案的开锁公司联系。

（三）进入现场：通用。

（四）现场处置：

1. 处置民警表明执法身份，核实报警人基本信息，听取其陈述，就需要开锁的处所性质、产权归属、开锁原因细致调查询问。

2. 走访邻居、物业人员，核实求助人是否为房屋的居住人、车辆的所有人，是否存在纠纷等情况。发现求助人与户（车）主有纠纷的，或者要求开启的他人的门（车）锁的，不予开锁。有关情况及时报指挥中心。求助人要求强行开锁的，处置民警应当予以制止。

3. 确认求助人身份和要求合法后，联系专业开锁公司派员处置，并监督开锁人员操作。

4. 不具备开锁条件，遇有生活不能自理的老人、病人、婴幼儿单独在家，或者煤气灶处于燃烧状态等紧急情况的，征得物权所有人同意后，联系紧急救援部门实施破拆。

（五）现场取证：通用。

（六）现场处结：通用。

（七）后续办理：通用。

（八）注意事项：

1. 禁止在无安全措施的情况下通过攀爬阳台翻窗入室、从内部开锁等危险行为。

2. 暂时无法查明报警人是否为房屋居住人，但查明室内有病人、婴儿、开燃气做饭等情况，不及时开门可能发生危险的，可以在物业人员或者邻居的见证下开锁，排除险情后再核实求助人的身份。

3. 涉及婚姻、债务、房产等纠纷，一方要求开锁的，一般不予开锁，紧急情况除外。

4. 防止求助人利用公安机关开锁从事违法犯罪活动。

四、查找走失人员、人员失踪或疑似被侵害

（一）岗前准备：通用。

（二）接警途中：与报警人电话联系，问明现场位置、走失人员年龄、性别、走失原因、智力状况、联系方式、现场紧急程度等情况，初步分析评估。

（三）进入现场：通用。

（四）现场处置：

1. 处置民警表明执法身份，核实报警人基本信息，听取报警人陈述，就走失人员的年龄、性别、走失原因和经过、智力状况、联系方式、社会关系等内容细致调查询问。

2. 开展现场寻找。在公共场所走失的，通过场所的广播、电子显示屏发布寻人消息，联系场所安保部门，查看现场监控视频，顺线查找。

3. 通过其家属及亲友迅速至走失人员可能落脚的地点、场所进行查找。建议报警人通过手机短信、QQ、微信等方式进行联系，通过张贴寻人启事、发布寻人公告等方式进行查找。

4. 必要时请求指挥中心指令相关辖区警力协助查找，通过微信公众号、公安微博等平台发布信息的，应当商请家属同意。

5. 密切关注社会上的相关人员信息，及时进行核查比对。

6. 告知报警人，得知失踪人员相关信息或者找到失踪人员的，应当立即报告公安机关。

（五）现场取证：通用。

（六）现场处结：通用。

（七）后续办理：通用。

（八）注意事项：

1. 对此类警情务必高度重视。有警必接，积极查找，及时反馈。对查找未果的，及时回访报警人、失踪人员家属，做好解释沟通工作。无论失踪时间是否超过 24 小时，应当及时采取有效措施进行查找。对疑似被侵害或者处于危险状况的，应当立即处置。

2. 失踪地点不明或者不在本辖区的，受理的公安机关应当查明失踪地，或者根据报警人陈述的失踪地，移送有管辖权的公安机关办理。失踪地无法确定的，由失踪人员最后居住地的公安机关负责查找。

3. 疑似被侵害失踪人员是指有下列情形之一，可能遭到犯罪行为侵害而下落不明的人员：（1）失踪现场有明显的侵害迹象的；（2）有线索表明失踪人员遭受到侵害的；（3）人与机动车一起失踪或人携带大量现金失踪的；（4）不满14周岁的未成年人、已满14周岁不满18周岁的女性失踪的；（5）失踪人员在失踪前与他人有重大矛盾纠纷或者受到威胁恐吓的；（6）失踪原因不明，失踪时间超过3个月的；（7）其他疑似被侵害的。

4. 对疑似被侵害失踪人员警情，立即受案并开展初查工作，向单位主要负责人汇报后，联系刑侦部门共同开展工作。

5. 依据最高人民法院、最高人民检察院、公安部、司法部《关于依法惩治拐卖妇女儿童犯罪的意见》的规定，遇有以下情形应当立即立案侦查：（1）接到拐卖妇女、儿童的报案、控告、举报的；（2）接到儿童失踪或者已满14周岁不满18周岁的妇女失踪报案的；（3）接到已满18周岁的妇女失踪，可能被拐卖的报案的；（4）发现流浪、乞讨的儿童可能系被拐卖的；（5）发现有收买被拐卖妇女、儿童行为，依法应当追究刑事责任的；（6）表明可能有拐卖妇女、儿童犯罪事实发生的其他情形的。

立案后，应采取包括技术侦查等各种手段进行查找，失踪人员找到后及时撤销案件。

6. 所谓走失人员，主要是指因精神或者智力障碍、年幼、年老等原因离开亲人或离家后，无法找到亲人或回家的人员，以及因家庭矛盾而离家出走、易受不法侵害的人员。

7. 接报警后12小时未找到走失人员的，应当将走失人员的信息上传至失踪人员信息系统，并继续查找。

公安机关找到失踪人员后，应当立即通知报警人、失踪人员家属，在失踪人员库中撤销相应的信息。失踪人员被领回时，应当与在场的失踪人员亲属办理交接手续。

8. 对发现的无语言表达能力或表达能力较差的人员，如精神病人、幼童、老年人等，可以通过检查其身上是否有身份证、纸条等能够反映其基本情况的物品，以确定其身份、家庭住址、联系方式等，必要时可以通过人像核录设备核查。注意观察走失人员的身体和精神状况，防止出现意外。对其随身物品代管时，应注明物品名称、数量、规格、特征等内容。向走失人员家属或者民政部门移交走失人员时，应当注意核查接收人员身份以及走失人员的关系，防止假冒，同时移交代管的物品，当面清点核对，由接收人签字确认。

9. 必要时可以通过公安信息系统或者请求有关单位协助查询相关住宿、出行、消费、民政救助等活动轨迹信息，以及涉案、羁押、教育矫治等案件信息以及视频监控信息，同时注意保护公民个人信息。

五、意图自杀（跳楼、跳桥等）

（一）岗前准备：通用。

（二）接警途中：与报警人电话联系，问明现场位置、报警人和意图自杀人员的关系、拟采取的方式、现场紧急程度等情况，初步评估。必要时，报告指挥中心，请求应急救援等专业救助机构一同到达现场处置。

（三）进入现场：通用。

（四）现场处置：

1. 表明执法身份，核实报警人信息，听取报警人陈述，就意图自杀人员年龄、性别、原因和经过、拟采取的方式、身体和精神状况、现场周围环境等内容进行细致调查询问，及时报告指挥中心，必要时通知应急救援、供电供气等相关部门到场参与排险工作。

2. 在可能坠落的地点铺设软垫、棉被，架设防护网，联系120急救车到场做好急救准备。

3. 设置警戒区，疏散无关人员和围观群众，防止当事人情绪受到影响和刺激。现场围观人员煽动、激化当事人情绪的，应当讲明法律责任，严厉警告制止。对拒不服从命令的，可以依法传唤或者强制带离。疏导交通，必要时实行交通管制，开辟处置和救护工作绿色通道。

4. 由有经验的民警或谈判专家与当事人交流劝导，稳定当事人情绪。必要时联系其亲友、同事及其他合适人员到场协助处置。沟通中要耐心倾听当事人诉说，一般不要反驳其观点，取得信任，便于开展劝解工作。当事人对民警和亲友的劝说不予理睬的，要耐心沟通，不可操之过急，不轻易放弃。

5. 根据当事人意图采取的自杀方式、地点的不同，采取相应的救援措施。当事人情绪未缓解的，救援工作需在相关的保障措施到位的情况下进行。可以利用与当事人谈话、吸引其注意力的时机，铺设防护气垫等安全防护装备。

6. 对采取跳楼、使用易燃易爆物品、服毒等方式自杀的，一般不宜实施强行救援，应立足于耐心细致的劝说，促使其放弃自杀念头。

7. 对扬言使用易燃易爆物品自杀的，应当立即疏散周边群众，设法关闭气体管道总阀，加强现场通风，稀释易燃易爆气体浓度，切断电源，禁止使用电子设备和金属物品，防止意外爆燃。

8. 在保障安全的前提下，可以强行救援。专门力量实施强行救援的，现场民警应当做好配合工作。采取强行救援措施，应当做好风险评估，充分考虑到施救对象和施救人员的安全，在现场指挥部的指挥安排下，协作配合，禁止擅自行动。

9. 救援成功后，将自杀者带离现场或协助 120 急救人员实施救治。对以实施自杀行为制造社会影响，涉嫌违法犯罪的，依法追究责任。

（五）现场取证：通用。

（六）现场处结：通用。

（七）后续办理：通用。

（八）注意事项：

1. 对已经服毒的，注意保护好现场遗留的药品、包装物、呕吐物，便于施救和取证。避免直接触碰有毒物质。

2. 通过网络发布自杀信息，或者网络直播自杀过程的，应当及时通报网安部门，迅速锁定准备自杀人员的真实身份和所在实际位置，派出警力进行救援。同时在网上以官方身份和网民身份从情感、道德、利益等多方面、多维度进行劝导，稳定、缓解其情绪，消除其轻生念头。公安机关救援处置的结果应当及时在网上公布，消除其他关注网民的疑虑，树立公安机关积极作为的良好形象。对于在网上鼓动、教唆自杀的网民立即开展落地查人工作，依法处理，联系有关单位删除其不当言论。

六、高空坠物

（一）岗前准备：通用。

（二）接警途中：与报警人电话联系，问明坠物现场位置、现场是否有人员伤亡等情况，初步评估。有人员伤亡的，同步联系急救车到场救治。

（三）进入现场：通用。

（四）现场处置：

1. 现场划定警戒范围，设置警示标志，禁止无关人员和车辆进入，防止再次出现坠物事故。

2. 表明执法身份，核实报警人信息，听取报警人陈述，就高空坠物发现的过程、危害后果等内容进行细致调查询问。

3. 通过查看高坠物的特征，结合调查走访和监控录像，能够确认坠落物的所有者或者管理者的，应立即联系，及时消除隐患，排除妨害。

（五）抢救伤员：现场有伤员的，由120急救车医护人员救治。高坠物致伤伤情复杂的，不建议处置民警对伤者施救，避免形成二次伤害。可以利用等待急救车的时间，简要询问伤者受伤过程。

（六）现场取证：对坠落物的坠落地点以及坠落物的特征拍照固定，必要时联系刑侦技术人员到现场勘验，固定高空坠物的危害后果证据，以便事后确定坠物的所有者或管理者。

（七）现场处结：通用。

（八）后续办理：通用。

（九）注意事项：

1. 处置过程中注意自身安全，防止高空再次坠物伤人。

2. 高空坠物导致人员伤亡和物品毁损，坠落物的所有者或者管理者存在故意或者过失行为，构成刑事案件或者行政案件的，依照法律规定程序办理；属于民事纠纷的，告知当事人向人民法院提起民事诉讼。

3. 通知物业管理部门、社区组织，采取有效措施，加强日常管理，提高居民防范意识，防止类似事件再次发生。

七、动物袭人

（一）岗前准备：通用。

（二）接警途中：与报警人电话联系，问明现场位置、袭人动物种类、大小、数量、是否逃窜及人员受伤等现场情况，提前配备网枪、麻醉枪、抱钳、套绳等装备。有人员受伤的，联系急救车到场。必要时报告指挥中心通知卫生健康、防疫、应急救援、医疗急救、动物收容救助等部门、单位派员赶赴现场协助。

（三）进入现场：通用。

（四）现场处置：

1. 表明执法身份，核实报警人信息，听取报警人陈述，就动物袭人的过程、伤害后果等内容进行细致调查询问。

2. 对正在袭击人的有主动物，立即责令动物主人制止动物伤人。

3. 对正在袭击人的无主动物，区分以下情形进行处置：

（1）控制。可以利用网枪、麻醉枪、抱钳、套绳等工具控制动物。对现场难以控制的，请求专业人员到场处置。

（2）捕杀。对可能危及人员生命安全或者具有兴奋、狂暴、流涎、明显攻击性等疑似或者类似狂犬病症状的动物，使用工具无法控制或者没有适当工具控制的，可以捕杀。捕杀时注意安全，防止动物袭击民警。

（3）驱赶。对在野外的野生动物，可以采取驱赶措施。

（4）查找。造成人身伤害或者有疑似狂犬病症状的袭人动物逃离的，组织查找。必要时发布公告，提醒群众注意防范、发现后及时报告。

（五）抢救伤员：现场有伤员的，由120急救车的医护人员救治。伤情不重，不需要急救的，提醒当事人到卫生疾控部门进行免疫诊疗。

（六）现场取证：对袭击人的动物特征进行拍照，对伤者的伤口予以拍照固定。

（七）现场处结：

1. 袭人动物现场被捕获

（1）有饲养人的，责令饲养人严加看管。违规饲养的，责令办理相关手续。

（2）无饲养人的，交动物收容救助机构、动物保护组织等有关部门处理。

（3）对国家或者地方重点保护的动物，交自然资源部门处理。

（4）动物尸体交由动物防疫部门作无害化处理。

（5）疑似有狂犬病的，交由有关部门进行狂犬病等检验。

2. 动物造成人身伤害

（1）有饲养人的，责令饲养人将受害人送往医疗机构诊治，并承担相应的医疗费用。饲养人拒绝的，告知受害人向人民法院或者人民调解组织申请处理。

（2）无饲养人的，告知受害人及时就医或者注射疫苗。

（3）属于国家或者地方重点保护的动物伤人的，告知受害人依法向当地政府申请补偿。

（八）后续办理：通用。

（九）注意事项：放任动物恐吓他人或者驱使动物伤害他人的，应当对动物主人依法予以处理。

八、发现疑似精神病人

（一）岗前准备：通用。

（二）接警途中：与报警人电话联系，问明现场位置、疑似精神病人衣着体貌特征、精神状态、是否受到伤害等情况，初步评估。

（三）进入现场：通用。

（四）现场处置：

1. 表明执法身份，核实报警人信息，听取报警人陈述，就发现疑似精神病人的经过进行细致询问。

2. 对疑似精神病人进行观察和询问。观察其身体状况、精神状态、智力状况（能否正确表达）等情况。发现身体受到伤害的及时进行救治。

3. 对于能够讲清自己或家人的姓名、联系电话的，联系家人将疑似精神病人接回；对无语言表达能力或表达能力较差的疑似精神病人，可以通过检查其身上是否有身份证、纸条等能够反映其基本情况的物品，以确定其身份、家庭住址、联系方式等。必要时使用人像核录设备进行核查。

4. 开展现场寻找。在公共场所发现的疑似精神病人，可以通过场所的广播、电子显示屏发布寻人消息，联系场所安保部门，查看现场监控视频，顺线查找。

5. 必要时请求指挥中心指令相关辖区警力协助查找，并通过微信公众号、公安微博等平台发布信息，发动社会力量共同查找。

6. 密切关注社会上的相关人员信息，及时进行核查比对。

（五）现场取证：通用。

（六）现场处结：通用。

（七）后续办理：通用。

（八）注意事项：

1. 暂时无法确认疑似精神病人身份，又无监护人或者无法通知监护人的，通知民政部门处理。

2. 处置过程中，民警要观察疑似精神病人是否有暴力倾向，要注意自身安全。

九、发现有人饮酒过量醉卧路边、昏倒在公共场所

（一）岗前准备：通用。

（二）接警途中：与报警人电话联系，问明现场位置、醉卧人员衣着体貌特征、意识是否清醒、是否受到伤害等情况，初步评估。

（三）进入现场：通用。

（四）现场处置：

1. 表明执法身份，核实报警人信息，听取报警人陈述，就发现醉卧人员或者疑似昏迷人员的经过进行细致询问。

2. 对醉卧人员或者疑似昏迷人员进行观察和询问。观察醉卧人员身体状况、是否受到伤害、精神状态、能否正确表达等情况，发现受到伤害的进行救治；观察昏迷人员是否还有呼吸、脉搏等生命体征。无论是否具备生命体征，都应当联系医护人员到场确诊。

3. 对于能够讲清自己或家人的姓名、联系电话的，及时联系家人将醉卧人员接回；对深度醉酒以及昏迷人员可以通过检查其身上是否有身份证、纸条等能够反映其基本情况的物品，以确定其身份、家庭住址、联系方式等，必要时可以通过人像核录设备核查。

4. 处置民警发现醉酒人员具有下列情形的，应当通知120急救车到场救治：（1）醉酒人员有严重外伤或者昏迷、沉睡不醒等有可能导致生命危险的；（2）身份不明，无法通知家属，醉酒状态严重的；（3）已经通知家属，但无法及时赶到

现场，醉酒状态严重的。在等待急救车辆过程中，应当将醉酒人员转移至安全地带，尽量让其坐靠或者侧卧，不得仰卧，防止食物反流引起窒息。

5. 对昏迷原因不明的，不宜盲目采取急救措施或者随意搬动昏迷人员，防止二次伤害，应当及时通知120急救车到场救治。等待急救车过程中，可以使用床单、被褥垫底，以拖拽平移的方式转移到安全地带。

6. 查找醉卧、昏卧人员随身物品，对现场散落的物品进行登记拍照或者录像，妥善保管。现场有见证人的，由见证人签字确认。

（五）现场取证：通用。

（六）现场处结：通用。

（七）后续办理：通用。

（八）注意事项：

1. 对行为失控的醉酒人，可以使用约束带或者警绳约束，不得使用手铐、脚镣等警械（参照本编第七章精神病人肇事处理）。

2. 对醉酒人的物品移交时应当面清点核对，由接收人签字。

3. 妥善保管昏迷人员的随身物品，尤其是查找其随身物品、翻阅手机信息时，应当全程录音录像。必要时邀请见证人在场。

十、遗忘、遗失物品

（一）岗前准备：通用。

（二）接警途中：与报警人电话联系，问明现场位置、遗忘、遗失物的特征、价值等情况，初步分析评估。

（三）进入现场：通用。

（四）现场处置：

1. 表明执法身份，核实报警人信息，听取报警人陈述，就遗忘、遗失经过、物品的特征、价值等内容细致询问。

2. 根据报警人提供的情况，采取询问现场当事人、调取监控等方法积极协助查找。对遗忘在出租车上的，帮助联系出租车公司或者运营管理部门，通过对讲电台，或者通过出租车驾驶员微信群等方式通报查找；对遗忘在交通工具上，车辆特征明显、运行线路明确且遗忘时间不长的，向指挥中心汇报，通知沿线交巡警以及客运部门协助查找。

3. 遗忘、遗失物为枪支弹药、危爆物品、放射性物品、贵重物品、机密文件等特殊物品的，应当立即向指挥中心汇报，由指挥中心负责组织查控或通知有关单位协助查找。

4. 暂时未能找到的，应当登记备案，记录报警人的联系方式和地址，方便找到物品后与之联系。告知报警人找到物品后及时向公安机关反馈。

（五）现场取证：通用。

（六）现场处结：通用。

（七）后续办理：通用。

（八）注意事项：

1. 遗忘物是指物主虽然暂时失去对物权的控制，但是通过回忆可以明确自己财物的遗置时间和地点，对相关财物的管控并未完全丧失；遗失物是指物主已经不记得财物的遗置时间和地点，对相关财物的管控已经完全丧失。

2. 捡到他人的遗忘物是民法意义上的不当得利，物权所有人请求返还，而捡得者拒不归还的，数额较大的，构成刑法意义上的侵占罪。遗忘物虽然暂时处于无人管理状态，但是捡得者可以根据捡获的时间、地点、环境判断出此物是有主财物（如落在电影院座位上的手机），物主想起该物后一般会返回原地查找。物主来找时有请求捡得者返还的权利，其也有返还的义务。在捡得者无权占有、拒不归还的情况下，其主观上具有非法占有之目的，客观上实施了占有行为，具有明显的社会危害性和刑事违法性，单纯民事手段已经不足以规制，其行为符合《中华人民共和国刑法》第二百七十条的主客观要件，构成侵占罪。

3. 捡到遗失物则单纯是民法意义上的不当得利，物权所有人请求返还而捡得者拒不归还的，不构成刑法意义上的侵占罪。捡得者根据捡获的时间、地点、环境可能难以判断此物有主、其主为谁（如在人流密集的马路等开放空间散落的纸币），失主找回该物的概率比较低。对于该物的遗失，失主本身具有一定的过错。即使失主向捡得者行使返还请求权，其拒不返还也不构成刑法上的侵占罪，而是构成民法上的不当得利，因其毕竟没有得到该物的合法依据。另外，《中华人民共和国刑法》第二百七十条所保护的法益是“遗忘物”的物主所有权，而不是“遗失物”的物主所有权，从罪刑法定的角度来讲，侵占遗失物不应以侵占罪定罪处罚。

十一、交通、市政设施被盗或毁损造成安全隐患

（一）岗前准备：通用。

（二）接警途中：与报警人电话联系，问明现场位置、安全隐患的种类等情况，初步评估。

（三）进入现场：通用。

（四）现场处置：

1. 表明执法身份，核实报警人信息，听取报警人陈述，就交通、市政设施被盗或者毁损的发现过程、可能造成的安全隐患等内容进行细致询问。

2. 划定警戒区域，设置安全警示标志，提醒过往行人和车辆注意安全。

3. 根据报警人提供的情况，走访现场群众，收集固定证据，查找嫌疑人。属于刑事案件的，联系刑侦部门到场进行勘验。

4. 通知主管部门到场，修复被毁损或者被盗窃的设施，防止危险发生。主管部门暂时无法赶到的，应当保持安全标志警示，提醒过往行人和车辆。

（五）现场取证：通用。

（六）现场处结：通用。

（七）后续办理：通用。

（八）注意事项：夜间处置时，处置民警应当按照夜间执勤的规范着装，须穿着反光背心，注意自身安全。

第六章　事故类警情处置

事故类警情处置原则：大部分事故伴随人员伤亡和物品毁损，极有可能发生次生灾害。防止危害后果扩大、确保参与救援群众和处置民警安全，是事故类警情处置的要旨。

指挥中心接到此类警情时，应当启动应急预案，指令辖区派出所前往处置的同时迅速报告指挥长，指令交警、刑侦、治安等专业警种派员前往现场处置，联系应急救援部门或专业救援力量前往救援，联系医疗部门前往现场救治伤员。必要时指挥长要亲临现场指挥，成立现场临时指挥部，统筹协调现场抢险和救援。

一、火灾事故、爆炸事故、危化品泄漏事故

（一）岗前准备：通用。

（二）接警途中：与报警人电话联系，问明事故现场的位置、是否有人伤亡等内容，对现场情况初步评估。

（三）进入现场：通用。

（四）现场处置：

1. 到达事故现场外围，对事故现场进行观察，对报警群

众进行了解。事故现场发生建筑物坍塌、爆炸，有毒物质有急剧扩散、泄漏可能的，慎重进入现场，及时向指挥中心报告。

2. 立即设立警戒区，疏散现场居民和围观群众，维护现场秩序，防止次生灾害发生，防止危害后果扩大和蔓延。警戒范围一般以爆炸（事发）点为中心，以发现的最远抛出物距离炸点的1.5倍为半径划定。

3. 由专业救援力量佩戴防护器具进入警戒区，对现场危害后果（伤亡人数、财产毁损情况）、危险等级（潜在的危险程度）、波及范围（已经波及的区域和潜在波及的区域）以及被波及人员的生命体征进行观察。对生命体征尚未完全消失，有抢救可能的，应当将伤者迅速带离危险区域，请医护人员到场抢救。现场人员生命体征完全消失，确定死亡的，直接退出警戒区。

4. 事故现场附近有人员密集场所、聚居区或者存放有大量危化品、易燃易爆物品的，应当立即向指挥中心报告，扩大疏散范围，通知相关专业部门到场排险处置。

5. 事故现场周边实行交通管制，开辟处置和救援绿色通道，通知医疗部门派出医护人员和急救车辆到现场抢救伤者。

6. 在现场指挥部的指挥下，在保证安全的情况下，协助专业救援力量开展排险、救治、解救被困人员等救援工作。

7. 发现控制事故责任人，调查事故发生的经过和原因。

（五）抢救伤员：由现场医护人员负责。

（六）现场取证：通用。

（七）现场处结：处置结束时，应当对受到污染的人员、装备及场地进行洗消，妥善处理洗消后的污水。

（八）后续办理：通用。

（九）注意事项：

1. 处置民警要保护好自身安全，在没有专业设备和专业人员的指导下，不得擅自进入中心现场；不要擅自检查处置爆炸、危化品装置，保护好现场，交由专业人员处置。

2. 先期赶到现场的处置民警要尽快向涉事人员了解燃烧物、爆炸物、危化品的种类，为科学选定灭火剂和排险的化学试剂提供参考，避免错误操作。

3. 事故现场应当设立安全员，实施多点观察，统一避险信号；实施救援时应当以组为单位，禁止单独盲目行动。

4. 对危化品泄漏的事故现场要及时切断事故区域的电源、熄灭火源，防止高热设备，落实警戒区的防爆防静电措施。

5. 救援车辆和人员要选择上风口位置，严禁在泄漏区的下水道、地下空间的顶部、井口处滞留。

6. 险情排除后，及时进行现场勘查和事故原因调查。损失数额达到立案追诉标准的，故意或者过失均可构成危害公共安全犯罪。

二、供电、供气等公用设施险情

（一）岗前准备：通用。

（二）接警途中：与报警人电话联系，问明事故现场的位置、是否有人伤亡等内容，对现场情况初步评估。有人员伤亡的提前联系120急救人员到现场救治。

（三）进入现场：通用。

（四）现场处置：

1. 到达事故现场外围，对事故现场进行观察，对报警群众进行了解。事故现场有可能发生触电、爆炸的，慎重进入现场，及时向指挥中心汇报。

2. 立即设立警戒区，疏散现场居民和围观群众，维护现场秩序，防止围观人员和救援人员触电，发生危险。

3. 及时切断事故区域的电源，关闭主电闸、主气阀，熄灭火源，防止高热设备，落实警戒区的防爆防静电措施。对专业性较强的排险工作，及时通知专业部门的技术人员到场处置，不盲目行动。

4. 暂时无法关闭主电闸、主气阀，专业部门的技术人员暂时无法到达现场，且警戒区内有人受伤的，由少数经验丰富的民警佩戴防护器具进入警戒区，在安全距离下使用绝缘器具将电线挑开或者关闭分气阀。

5. 事故现场附近有人员密集场所、聚居区或者存放有大量危化品、易燃易爆物品的，应当立即向指挥中心报告，扩大疏散范围，并通知相关部门专业力量到场排险处置。

6. 发现控制事故责任人，调查事故发生的经过和原因。

（五）抢救伤员：由现场医护人员负责。

（六）现场取证：通用。

（七）现场处结：通用。

（八）后续办理：通用。

（九）注意事项：

险情排除后，及时进行现场勘查和事故原因调查。损失数额达到立案追诉标准的，故意或者过失均可构成危害公共安全犯罪。

三、洪涝灾害事故

（一）岗前准备：处警前必须检查救生衣、救生圈等装备。禁止不携带救生装备处置此类警情。

（二）接警途中：与报警人电话联系，问明洪水现场的位置、是否有人伤亡等内容，对现场情况进行初步评估。处警途中要提前穿戴好救生衣，有人员伤亡的及时通知120急救人员到现场救治。

（三）进入现场：通用。

（四）现场处置：

1. 处置民警着救生衣到达洪水现场外围，对洪灾现场进行观察，对报警群众进行了解。迅速了解受灾范围、人员被困、伤亡情况、财产损失、交通、供电、通信设施等情况，可能发生重大次生灾害的，及时向指挥中心汇报。

2. 立即设立警戒区，疏散现场围观群众；必要时，实施交通管制，为救援车辆提供交通保障。

3. 设立观察员对现场周边河堤进行观察，注意发现洪水掏空堤坝、路基或者堤坝出现管涌等危险征兆。

4. 及时切断洪涝区域的电源，防止救援时意外触电。

5. 协助应急救援等专业救援力量，抢救被困人员和转移受灾群众，搜寻失踪人员，发现和救助待救人员，协助医疗部门救治受伤人员，协助其他救援力量加固堤坝、疏排水道等工作。

6. 加强巡逻防范，维护灾区秩序，保护重点部位安全，及时转移重要物资。

（五）抢救伤员：由现场医护人员负责。

（六）现场取证：通用。

（七）现场处结：通用。

（八）后续办理：通用。

（九）注意事项：

1. 处置此类警情应当在当地政府防汛抗旱指挥部的统一领导下开展。

2. 先期到达现场的处置民警，主要职责是设立警戒区，疏散现场围观群众，维护现场秩序。

3. 实施救援行动时，应当注意自身安全，必须穿着救生衣，以组为单位，在指挥部指挥下开展抢险救灾，不得单独盲目行动。

四、塌方、滑坡、泥石流地质灾害事故

（一）岗前准备：通用。

（二）接警途中：与报警人电话联系，问明现场的位置、是否有人伤亡等内容，对现场情况进行初步评估。有人员伤亡的提前联系120急救人员到现场救治。

（三）进入现场：通用。

（四）现场处置：

1. 处置民警到达地质灾害现场外围，对灾害现场进行观

察，向报警群众了解现场情况。迅速了解受灾范围、人员被困、伤亡情况、财产损失、交通、供电、通信设施可能发生的重大危险，及时向指挥中心报告。

2. 立即设立警戒区，疏散塌方、滑坡、泥石流地质灾害现场围观群众。必要时，实施交通管制，为紧急救援车辆和人员救治提供交通保障。

3. 设立观察员对灾害现场持续观察，统一避险信号，实施多点观察，注意发现后续地质灾害事故危险征兆。

4. 协助应急救援等专业救援力量，抢救被困人员和转移受灾群众，搜寻失踪人员，发现和救助待救人员，协助医疗部门救治受伤人员。

（五）抢救伤员：由现场医护人员负责。

（六）现场取证：通用。

（七）现场处结：通用。

（八）后续办理：通用。

（九）注意事项：

1. 处置此类警情时，应当在当地政府抢险救灾指挥部的统一领导下开展。

2. 先期到达现场的处置民警，主要职责是设立警戒区，疏散现场围观群众，维护现场秩序。

3. 实施救援行动时，应当注意自身安全，以组为单位，在指挥部指挥下开展抢险救灾，不得单独盲目行动。

五、建筑施工安全事故、桥梁、建筑物坍塌事故

（一）岗前准备：通用。

（二）接警途中：与报警人电话联系，问明事故现场的位置、是否有人伤亡等情况，对现场情况初步评估，有人员伤亡的提前联系 120 急救人员到现场救治。

（三）进入现场：通用。

（四）现场处置：

1. 处置民警到达事故现场外围，对事故现场进行观察，向报警群众了解被困人数、伤亡人数、财产损失等情况并及时向指挥中心报告。

2. 立即设立警戒区，设置警示标志，维护现场秩序。有继续坍塌危险的，疏散现场围观群众。必要时，实施交通管制，为紧急救援车辆和人员救治提供交通保障。

3. 设立观察员对坍塌灾害现场持续进行观察，统一避险信号，注意发现后续坍塌事故危险征兆。

4. 协助应急救援等专业救援力量，抢救被困人员和转移受灾群众，搜寻失踪人员，发现和救助待救人员，协助医疗部门救治受伤人员。

5. 发现控制事故责任人，调查事故发生的经过和原因。

（五）抢救伤员：由现场医护人员负责。

（六）现场取证：排除险情后及时进行现场勘验和事故原因调查。

（七）现场处结：通用。

（八）后续办理：通用。

（九）注意事项：

1. 处置民警的首要职责是尽力维护现场秩序，防止事故后果扩大，疏导交通，确保专业人员到达现场后及时开展有效施救。

2. 处置民警在事故建筑存在安全隐患的情况下，慎重进入建筑内部，应等待专业救援力量携带专业救援装备赶来救援。

3. 坍塌现场有装载易燃、易爆等危险物资的车辆被埋压、损毁的，立即报告指挥中心，并迅速疏散周围群众，防止造成二次伤害。

4. 防止事故责任人或者肇事人被群众围殴或自伤、自残。

5. 险情排除后，及时进行现场勘查和事故原因调查，损失数额达到立案追诉标准的，故意或者过失均可构成危害公共安全犯罪。

六、矿山安全事故、生产责任事故

（一）岗前准备：通用。

（二）接警途中：与报警人电话联系，问明事故现场的位置、是否有人伤亡等内容，对现场情况进行初步评估。有人员伤亡的，提前联系 120 急救人员到现场救治。

（三）进入现场：通用。

（四）现场处置：

1. 到达事故现场，向报警群众和涉事企业了解人员被困、伤亡、财产损失等情况并及时向指挥中心报告。必要时请指挥中心联系应急救援等专业救援力量到场救援。

2. 事故现场有坍塌、滑坡、爆炸、放射性危险的，立即设立警戒区，设置警示标志，疏散现场围观群众，维护现场秩序。必要时，实施交通管制，为紧急救援车辆和人员救治开辟绿色救援通道。

3. 协助应急救援等专业救援力量，抢救被困人员，协助医疗部门救治受伤人员。

4. 发现控制事故责任人，调查事故发生的经过和原因。

（五）抢救伤员：由现场医护人员负责。

（六）现场取证：排除险情后及时进行现场勘验和事故原因调查。

（七）现场处结：通用。

（八）后续办理：通用。

（九）注意事项：

1. 处置民警的首要职责是尽力维护现场秩序，防止事故后果扩大，保障救援通道畅通。

2. 救援行动一定要依托企业技术人员并在专业人士的指挥下进行，不得擅自采取行动。

3. 险情排除后，及时进行现场勘查和事故原因调查。

4. 在生产作业中违反安全管理规定，造成重大伤亡（1 人死亡或者 3 人以上重伤）或者严重后果（一般企业直接损失 5 万元，矿山企业直接损失 100 万元以上）的，构成刑事犯罪。

5. 驾校院内教学活动中，因教练员违反安全管理规定，学员驾驶车辆错误操作发生事故的，造成重大伤亡（1 人死亡或者 3 人以上重伤）或者严重后果（直接损失 5 万元）的，按照重大责任事故犯罪追究刑事责任。

七、环境污染事故

（一）岗前准备：通用。

（二）接警途中：与报警人电话联系，问明事故现场的位置、是否有人员伤亡等内容，对现场情况进行初步评估。有人员伤亡的提前联系 120 急救人员到现场救治。

（三）进入现场：通用。

（四）现场处置：

1. 到达事故现场外围，选择上风口对事故现场进行观察，向报警群众和涉事单位了解污染物的种类、性质、污染面积、扩散方式、是否有毒、人员伤亡和财产损失情况，有毒物质有急剧扩散、泄漏可能的，慎重进入现场，及时向指挥中心报告。

2. 初步设立警戒区，疏散现场居民和围观群众到上风方向，维护现场秩序，防止次生灾害发生，防止危害后果扩大和蔓延。而后依据生态环境、卫生、防疫等部门的检测情况划定的污染区域，重新设立警戒区。

3. 由专业救援力量携带专业设备进入中心现场，对现场危害后果（伤亡人数、财产毁损情况）、危险等级（潜在的危险程度）、波及范围（已经波及的区域和潜在波及的区域）以及被波及人员的生命体征进行观察。生命体征尚未完全消失，有抢救可能的，应当将伤者迅速带离危险区域，请医护人员到场抢救。

4. 污染事故现场附近有人员密集场所、聚居区的，应当立即向指挥中心报告，扩大疏散范围。

5. 事故现场周边实行交通管制，开辟处置和救护工作绿色通道，通知医疗部门派出医护人员和急救车辆到现场抢救伤者。

6. 在现场指挥部的指挥下，在保证安全的情况下，协助专业救援力量开展排险、救治、解救被困人员等救援工作。

7. 由专业技术人员，根据污染物的特性和污染程度，组织专业力量携带装备视情开展稀释、中和、堵漏、洗消等工作。对易燃易爆的污染物，要及时切断事故区域的电源，熄灭火源，停止高热设备，落实警戒区的安全防护措施。

8. 发现控制事故责任人，调查事故发生的经过和原因。

（五）抢救伤员：由现场医护人员负责。

（六）现场取证：排除险情后及时进行现场勘验和事故原因调查。

（七）现场处结：通用。

（八）后续办理：通用。

（九）注意事项：

1. 处置民警要保护好自身安全，没有专业设备和专业人员的指导，不得擅自进入中心现场，不要擅自检查不明污染物、可疑污染物，保护好现场，交由专业人员处置。

2. 事故现场应当设立安全员，实施多点观察，统一避险信号。

3. 救援车辆和人员要选择上风口位置，严禁在泄漏区的下水道、地下空间的顶部、井口处滞留。

4. 现场救援应当在现场指挥部的统一领导下开展，实施救援时应当以组为单位，禁止单独盲目行动。

5. 险情排除后，及时进行现场勘查和事故原因调查，依法追究责任人的责任。

八、踩踏事故

（一）岗前准备：需要携带警笛、扩音喇叭等装备。

（二）接警途中：与报警人电话联系，问明事故现场的位置、现场人数、是否有人伤亡等内容，对现场情况进行初步评估。有人员伤亡的提前联系 120 急救人员到现场救治。

（三）进入现场：通用。

（四）现场处置：

1. 到达事故现场，责令相关单位迅速打开所有通道，使用高音喇叭命令现场所有人员停止走动，听从现场指挥员口令有序疏散。

2. 开放式场所形成人流交错的，命令现场人员停止走动，在远端各出入口布置警力限制进入，畅通出口，以踩踏地为中心，先外围后中心有序疏散。

3. 封闭式场所形成人流交错的，命令现场人员停止走动，在入口布置警力限制进入，改入口为出口，畅通出口，以踩踏地为中心，由外而内分段疏散。

4. 发现控制活动的组织者，调查事故发生的经过和原因。

（五）抢救伤员：由现场医护人员负责。

（六）现场取证：排除险情后及时进行现场勘验和事故原因调查。

（七）现场处结：通用。

（八）后续办理：通用。

（九）注意事项：

1. 处置民警的首要职责是制止现场人群无序流动，责令所有人员停止拥挤走动是成功处置的前提和保证。

2. 举办大型群体活动，应当按照规定向公安机关申请，未经申请而举办，发生拥挤踩踏事件造成严重后果的，依法追究组织者责任。

九、集体性食物中毒事故

（一）岗前准备：通用。

（二）接警途中：与报警人电话联系，问明事故现场的位置、中毒人数，是否有人伤亡等内容，对现场情况进行初步评估。有人员伤亡的提前联系 120 急救人员到现场救治。

（三）进入现场：通用。

（四）现场处置：

1. 到达现场后，向报警人了解中毒发生的时间、地点、中毒人数、主要症状、造成中毒的可能原因等情况并及时报告指挥中心。

2. 设置警戒区，疏散无关人员和围观群众，维护现场秩序，视情实行现场管制和交通管制，开辟处置和救援“绿色通道”，引导急救车通行。

3. 保护现场，协助配合卫生防疫、食药监部门收集固定证据，对中毒人员使用过的餐具、遗留食物、呕吐物、可疑食物的原材料、加工材料等进行现场固定。可能系人为故意投毒的，由刑侦技术人员进行现场勘验。

4. 协助卫生防疫、食药监部门查明事由，做好善后处理。

5. 发现控制责任人，调查事故发生的经过和原因。

（五）抢救伤员：由现场医护人员负责。

（六）现场取证：中毒人员送医后及时进行现场勘验和事故原因调查。

（七）现场处结：通用。

（八）后续办理：通用。

（九）注意事项：

1. 在进行救助的同时，加强对现场的警戒，对财物集中的场所、部位，要加强守护，防止有人趁乱敛财。

2. 密切关注舆情动态和事故发展，防止恶意炒作，衍生其他事件，做好社会稳控工作。

3. 集体中毒具有下列情形之一的，认定为“对人体健康造成严重危害”：（1）造成轻伤以上伤害的；（2）造成轻度残疾或者中度残疾的；（3）造成器官组织损伤致一般功能性障碍或者严重功能性障碍的；（4）造成10人以上严重食物中毒或者其他严重食源性疾病的，按照生产销售不符合食品安全标准的食品或者生产销售有毒有害食品犯罪应追究刑事责任。

第七章　针对某些特别对象的警情处置

一、人大代表、政协委员肇事

（一）岗前准备：通用。

（二）接警途中：与报警人电话联系，问明肇事现场位置，肇事者参与人数、方式，基于何种理由判断是人大代表或政协委员，是否有人员受伤等情况，进行初步评估。

（三）进入现场：通用。

（四）现场处置：

1. 疏散围观人员，维护现场秩序。必要时使用雨伞等遮挡物进行遮挡，防止无关人员拍照录像上网炒作。

2. 向报警人表明执法身份，询问报警人事发经过、肇事者参与人数、方式、基于何种理由判断是人大代表或政协委员、是否有人员伤亡以及造成的后果等情况。

3. 向肇事人出示警察证件，表明执法身份，请对方配合，责令立即停止违法犯罪行为，要求其出示人大代表或政协委员证件，核实身份。无有效证件证明人大代表、政协委员身份，且不服从口头命令的，果断采取强制措施予以控制约束。

4. 具备沟通条件的，询问其事发经过、目的、诉求，规劝其停止肇事行为，依法维权。对能够出示证件证明其人大代表和政协委员身份的，联系其所属单位派员到场协助处置。

5. 对能够出示证件证明其人大代表和政协委员身份的，不听劝阻继续肇事的，采取隔离阻挡的方式制止其肇事行为，使用执法记录仪固定其肇事的证据，并立即报告指挥中心。

6. 对不听劝阻继续肇事，采取隔离阻挡的方式不足以制止，区分不同情况予以处置：

（1）现场可以对涉嫌违法犯罪的人大代表口头传唤。

（2）现场查明是县级以上人大代表的，不得采取强制传唤等限制人身自由的强制措施。涉嫌现行犯罪的，经电话请示，可以先行刑事拘留。执行的公安机关应当立即向该级人民代表大会主席团或者人民代表大会常务委员会报告。

（3）现场查明是乡镇人大代表的，可以采取强制传唤、刑事拘留等限制人身自由的强制措施，执行机关应当立即向代表所属人民代表大会报告。

（4）现场查明是政协委员的，可以采取强制传唤、刑事拘留等限制人身自由的强制措施，执行机关应当及时通报该委员所属的政协组织。

7. 不强力制止可能造成现场人员伤害或者财产更大损失的，应果断采取强制传唤或刑事拘留措施，控制约束，带离现场。带离过程要全程录像，稳妥冷静处置，慎用武器、警械。必要时优先使用催泪喷射器。

（五）抢救伤员：由现场医护人员负责。

（六）现场取证：通用。

（七）现场处结：通用。

（八）后续办理：通用。

（九）注意事项：

1. 无论违法犯罪嫌疑人是何身份，对其正在实施的违法犯罪行，均应当依法予以制止。

2. 对现场不能查明身份的违法犯罪嫌疑人，可以依法传唤至公安机关，依照有关规定查明身份。

3. 将相关人大代表或政协委员带至公安机关后，立即根据其身份向相关部门报告或通报。

二、现役军人肇事

（一）岗前准备：通用。

（二）接警途中：与报警人电话联系，问明肇事现场位置、肇事者参与人数、方式、基于何种理由判断是军人、是否有人员受伤等情况，初步评估。请求指挥中心联系驻地部队保卫部门派员到场共同处置，视情拨打 120 通知急救人员到场。

（三）进入现场：通用。

（四）现场处置：

1. 疏散围观人员，维护现场秩序。必要时使用雨伞等遮挡物进行遮挡，防止无关人员拍照录像上网炒作。

2. 向报警人表明执法身份，询问事发经过、肇事者参与人数、方式、基于何种理由判断是军人、是否有人员伤亡以及造成的后果等情况。

3. 向肇事人出示警察证件，表明执法身份，请对方配合，责令其立即停止违法犯罪行为，并要求其出示军人证件，核实身份。未着军装，无有效证件证明现役军人身份，且不服从口头命令的，果断采取强制措施。

4. 具备沟通条件的，询问其事发经过、目的诉求，规劝其停止肇事行为、依法维权。对穿着军装、能够出示军人证件或其已经报告部队番号的，及时与部队保卫部门联系，请部队保卫部门到场处置。

5. 对穿着军装，不听劝阻继续肇事的军人，采取隔离阻挡的方式制止其肇事行为，使用执法记录仪固定其肇事的证据，并立即报告指挥中心，请求联系驻地部队纠察部门尽快派员到场共同处置。

6. 不听劝阻继续肇事，采取隔离阻挡的方式不足以制止，不强力制止可能造成现场人员伤害或者财产更大损失的，果断采取措施，予以控制约束，带离现场，带至公安机关后立即核查军人身份，带离过程要全程录像，稳妥冷静处置，慎用武器、警械。必要时优先使用催泪喷射器。

（五）抢救伤员：由现场医护人员负责。

（六）现场取证：通用。

（七）现场处结：通用。

（八）后续办理：通用。

（九）注意事项：

1. 对于此类警情，指挥中心在指派辖区派出所出警的同时，应当及时联系当地驻军保卫部门派员到现场处置。必要时，当班指挥长要亲临现场处置。

2. 处置过程中稳妥、冷静、审慎，依法及时请示汇报，慎用武器、警械。

3. 处置军队和地方群体性纠纷、冲突事件，应迅速隔离双方，同时报告上级公安机关和军人所在部队，由上级妥善解决。

4. 根据《办理军队和地方互涉刑事案件规定》，对军人的侦查起诉审判，由军队保卫部门、军事检察院、军事法院管辖。军人肇事涉嫌犯罪的，及时调查取证，移交有管辖权的军队保卫部门。

5. 列入中国人民武装警察部队的公安边防、警卫部队人员犯罪的案件，按照地方人员确定管辖，由案发地公安机关依法查处。

6. 军人涉嫌违反治安管理行为，参照上述规定执行。对军人涉嫌违法犯罪需要移交部队保卫部门的，应当向被侵害群众告知相关法律规定，避免对公安机关产生误解。

三、外籍人员、无国籍人员肇事

（一）岗前准备：通用。

（二）接警途中：与报警人电话联系，问明肇事现场位置、肇事人员的身份、国籍或所属地区、人数、是否持械、肇事方式、是否有人员受伤等情况，进行初步评估。有人员伤亡的，提前联系 120 通知急救人员到场救治，同时请求指挥中心联系出入境管理部门和通晓肇事方语言的人员到场。

（三）进入现场：通用。

（四）现场处置：

1. 疏散围观人员，维护现场秩序，防止肇事行为伤及围观群众。

2. 向报警人表明执法身份，询问事发经过、肇事者参与人数和肇事方式、基于何种理由判断是哪国国籍、是否有人员伤亡以及造成的后果等情况。

3. 向肇事人出示警察证件，表明执法身份，使用语言、手势、手机翻译软件等进行简单交流，请对方配合。要求对方出示护照、签证等证件，查验核实身份；核实当事人的国籍、姓名（中、外文）、身份、暂住地、前来目的、是否享有外交特权和豁免权等情况；有同行人员的，应当了解同行人的身份。

4. 拒不服从配合，继续实施肇事行为的，采取隔离阻挡的方式制止其肇事行为，使用执法记录仪固定其肇事的证据，立即报告指挥中心，请求联系出入境管理部门和通晓该国语言的人员尽快到场处置。

5. 拒不服从配合，继续实施肇事行为，采取隔离阻挡的方式不足以制止，不强力制止可能造成现场人员伤害或者财产更大损失的，果断采取措施，予以控制约束，带离现场，带至公安机关后立即核查其国籍和身份，带离过程要全程录像，稳妥、冷静处置，慎用武器、警械。

6. 肇事行为涉嫌违法犯罪的，及时调查取证，依法查处。

（五）抢救伤员：由现场医护人员负责。

（六）现场取证：通用。

（七）现场处结：通用。

（八）后续办理：通用。

（九）注意事项：

1. 无国籍人员参照适用。对于此类警情，指挥中心在指派辖区派出所出警的同时，应当及时联系出入境管理部门和通晓该国语言的人员到现场处置。必要时，当班指挥长要亲临现场处置。

2. 处置过程中稳妥、冷静、审慎，依法及时请示汇报，慎用武器、警械。

3. 处置时注意方式方法，对语言不通的，尽量通过翻译沟通，尊重当事人的风俗习惯。

4. 享有外交特权和豁免权的外籍人员涉嫌刑事犯罪的，应当层报公安部，同时报同级人民政府外事办公室，由公安部商请外交部通过外交途径办理。

享有外交特权和豁免权的外籍人员涉嫌违法的，应当层报省级公安机关，由省级公安机关商请同级人民政府外事办公室通过外交途径处理。

逐级上报的同时及时调查取证，保存固定相关证据，移交给出入境管理部门处理，不得采取限制其人身自由和查封扣押其财产的强制措施。

四、我国港澳台人员肇事

（一）岗前准备：通用。

（二）接警途中：与报警人电话联系，问明肇事现场位置、肇事人员的人数、肇事方式、是否持械、是否有人员受伤等情况，进行初步评估。有人员伤亡的，提前联系 120 通知急救人员到场救治。

（三）进入现场：通用。

（四）现场处置：

1. 疏散围观人员，维护现场秩序，防止肇事行为伤及围观群众。

2. 向报警人表明执法身份，询问事发经过、肇事者参与人数和肇事方式、是否有人员伤亡以及造成的后果等情况。

3. 向肇事人出示警察证件，表明执法身份，请对方配合。要求对方出示我国港澳台通行证等证件，查验核实身份；核实当事人的姓名、身份、暂住地、入境目的；有同行人员的，应当了解同行人的身份。

4. 拒不服从配合，继续实施肇事行为的，采取隔离阻挡的方式制止其肇事行为，使用执法记录仪固定其肇事的证据，立即报告指挥中心，请求联系出入境管理部门。

5. 拒不服从配合，继续实施肇事行为，采取隔离阻挡的方式不足以制止，不强力制止可能造成现场人员伤害或者财产更大损失的，果断采取措施，予以控制约束，带离现场，带至公安机关后立即核查其身份。带离过程要全程录像，稳妥、冷静处置，慎用武器、警械。

6. 肇事行为涉嫌违法犯罪的，及时调查取证，依法查处。

（五）抢救伤员：由现场医护人员负责。

（六）现场取证：通用。

（七）现场处结：通用。

（八）后续办理：通用。

（九）注意事项：

1. 对于此类警情，指挥中心在指派辖区派出所出警的同时，应当及时汇报给指挥长。必要时，当班指挥长要亲临现场处置。

2. 处置过程中稳妥、冷静、审慎，依法及时请示汇报，慎用武器、警械。

3. 处置时注意方式方法。

4. 我国港澳台居民涉嫌违法犯罪的，可以采取强制传唤、刑事拘留等强制措施。采取强制传唤等限制人身自由的行政强制措施的，决定机关应当在 48 小时内将有关情况报告省级公安机关。

5. 对我国香港特别行政区居民采取刑事拘留等刑事强制措施的，由省级公安机关在采取刑事强制措施后依照有关规定办理通报事宜；对我国澳门特别行政区居民采取拘留等限制人身自由强制措施的，应当在 48 小时内层报省级公安机关，同时通报同级人民政府外事办公室；对我国台湾地区居民采取刑事拘留等刑事强制措施的，由省级公安机关在采取刑事强制措施后 36 小时内将情况报公安部。

6. 重大案件应当在 48 小时以内层报公安部，同时通报同级人民政府外事办公室。

五、境外人员非法采访

（一）岗前准备：通用。

（二）接警途中：与报警人电话联系，问明采访现场位置、哪家媒体、所属国家或地区、采访人数、采访对象、采访内容等情况，初步评估。请求指挥中心联系出入境管理部门、宣传部门、外事部门和通晓该国语言的人员到场。

（三）进入现场：通用。

（四）现场处置：

1. 疏散围观人员，维护现场秩序。

2. 向报警人表明执法身份，询问事发经过，了解是哪家媒体、所属国家或地区、采访人数、采访对象、采访内容等情况，立即向指挥中心报告，请求出入境管理部门、宣传部门和通晓该国语言的人员尽快到场共同处置。

3. 向采访的外媒记者出示警察证件，表明执法身份，使用语言、手势或手机翻译软件等请对方配合。要求对方出示护照、签证、居留证、外国常驻记者证或者短期采访记者证等证件，查验核实身份。核实当事人的国籍、所属的媒体机构名称、姓名（中、外文）、身份、暂住地、前来目的、采访内容、采访对象、接待单位、接待人等情况。制止境外人员的非法采访活动。

4. 对拒不服从配合，继续实施采访行为，采取隔离阻挡的方式制止其采访行为，使用执法记录仪固定其非法采访的证据。

5. 采用规劝引导的方式，将境外采访人员带至公安机关区别处置。劝离过程要全程录像，稳妥，冷静处置，慎用武器、警械。对于有记者证件的，交当地外事部门处理；对于不具有记者身份进行非法采访，情节较轻的，扣押其文字采访资料、相片、录音带、录像带、电子数据等，并制作询问笔录；情节严重的，移交出入境管理部门决定是否缩短在华停留期限或取消其在华居留资格。

6. 对于未经批准擅自进入限制外国人进入的区域进行采访活动的，制作询问笔录，对其非法获取的文字记录、音像资料、电子数据和其他物品予以收缴或者销毁，所用工具予以收缴，责令其立即离开。情节严重的，处5日以上10日以下拘留。

7. 非法采访行为涉嫌违法犯罪的，及时调查取证，依法查处。

（五）现场取证：通用。

（六）现场处结：通用。

（七）后续办理：通用。

（八）注意事项：

1. 对于此类警情，指挥中心在指派辖区派出所出警的同时，应当及时联系出入境管理部门、宣传部门和通晓该国语言的人员到现场处置。必要时，当班指挥长要亲临现场处置。

2. 处置过程中应稳妥、冷静、审慎，依法及时请示汇报，慎用武器、警械。

3. 对境外采访人员携带不明设备，或者在采访的同时非法采集地理信息的，及时联系国家安全部门对相关设备和采集的信息进行检查，防止相关人员借采访为名实施间谍犯罪、危害国家安全。

六、境外人员非法居留、非法就业

（一）岗前准备：通用。

（二）接警途中：与报警人电话联系，问明非法居留、非法就业的场所位置、人数、国别等情况。请求指挥中心联系出入境管理部门和通晓该国语言的人员到场，协调劳动部门派员协助处置。

（三）进入现场：通用。

（四）现场处置：

1. 疏散围观人员，维护现场秩序。

2. 向报警人表明执法身份，进一步询问报警原因，知悉境外人员非法居留、非法就业的过程，相关人员所属国家、涉及人数，非法居留的处所和非法就业的单位等情况，立即向指挥中心报告，请求出入境管理部门和通晓该国语言的人员尽快到场共同处置。

3. 向境外人员出示警察证件，表明执法身份，使用语言、手势或手机翻译软件请对方配合；要求对方出示护照、签证、居留证等证件，查验核实身份；盘问当事人的国籍、姓名（中、外文）、身份、暂住地、前来目的、是否取得工作许可、就业单位、就业时间等情况。

4. 经现场调查，有非法出入境嫌疑或者非法居留、非法就业嫌疑的，可将相关人员带至公安机关继续调查，带离过程要全程录像，稳妥、冷静处置，同时通知就业单位负责人、居留地房东到公安机关接受调查。

（五）现场取证：通用。

（六）现场处结：通用。

（七）后续办理：

1. 境外人员未办理居留证或超出居留证的有效期限在中国境内居留的，属于非法居留，由出入境管理部门依法查处。

2. 境外人员取得工作许可和工作类居留证，属于涉外劳动纠纷的，移交劳动部门处置，并通知同级人民政府外事办公室；未按照规定取得工作许可和工作类居留证件或超出工作许可限定范围在中国境内工作的，属于非法就业，由出入境管理部门依法查处。

3. 出入境管理部门应当对非法居留、非法就业行为及时调查取证，依法遣送出境，对违反治安管理或者出入境管理法律法规，情节严重，尚不构成犯罪的，可以层报公安部处以驱逐出境。公安部作出的驱逐出境决定为最终决定，由承办机关宣布并执行。

（八）注意事项：

1. 对于此类警情，指挥中心在指派辖区派出所出警的同时，应当及时联系出入境管理部门、通晓该国语言的人员以及劳动部门到现场处置。

2. 在处置境外人员非法就业的同时，还应注意查处非法介绍境外人员就业的中介单位和中介个人。

3. 重大问题及有关处理情况，及时层报上级公安机关及有关部门。

七、酒后滋事

（一）岗前准备：通用。

（二）接警途中：与报警人电话联系，问明滋事现场位置、醉酒人数、是否持械、滋事方式、是否有人员伤亡等情况，初步评估。有人员受伤的提前联系120急救人员到场救治。

（三）进入现场：通用。

（四）现场处置：

1. 疏散围观群众，维护现场秩序，防止醉酒人员伤及围观群众。

2. 处置民警区分不同情形分别处置：

（1）没有危险的。醉酒人员对自身以及其他人员没有危险性的，及时予以救助。

（2）行为失控的。醉酒人员可能对他人人身、财产造成危害，或者自伤自残，不听公安民警劝阻的，视情徒手、使用钢叉等警械制止。慎用其他制服性、驱逐性警械，防止对醉酒人员造成不必要的伤害。制服后予以约束。

（3）实施违法犯罪行为的。醉酒人员正在实施违法犯罪行为，不听公安民警劝阻的，视情使用钢叉、警棍等警械制止；危及民警或者他人生命安全的，可以依法使用武器制止。制服后，对其使用约束带或者警绳等约束，不得使用手铐、脚镣等警械。

3. 查找醉酒人员随身物品，对现场散落的物品现场清点登记，拍照、录像，现场有见证人的，请见证人签字确认。需要公安机关临时代为保管的其他物品，及时转交家属或者待其酒醒后返还。

4. 酒后滋事行为涉嫌违法犯罪的，及时调查取证，依法查处；滋事行为情节轻微，不需要行政处罚的，可通知其家人或亲友将其领回，对暂时无法通知到家属和亲友的，可以约束至酒醒。

（五）抢救伤员：对醉酒程度严重的人员，可以通知 120 急救车到场救治，在担架和病床上采取必要的约束措施。

（六）现场取证：通用。

（七）现场处结：

1. 对轻度醉酒人员优先考虑联系醉酒人员家属、亲友到场将其领回看管。

2. 对严重醉酒以及受伤的醉酒人员，家属在场的责令其领回看管或者送医治疗；家属拒绝领回、通知不到家属以及身份不明的醉酒人员，及时送医救治。

3. 对涉嫌违法犯罪的醉酒人员必要时采取强制措施。

（八）后续办理：将醉酒人员送医或者带回公安机关醒酒时，视情采取必要的约束措施，并安排人员看管观察。杜绝无人看管情形，避免长时间约束导致意外。看管时注意稳定醉酒人员情绪，继续联系醉酒人员家属、亲友领回。

（九）注意事项：

1. 对行为失控的醉酒人，可以使用约束带或者警绳约束，不得使用手铐、脚镣等警械。

2. 处置时民警尽量避开醉酒人的正面，防止受到攻击和伤害。

3. 对被控制约束的醉酒人员尽量采取坐靠或侧卧的方式，禁止仰卧，防止食物反流引发窒息。其间要经常给醉酒人员饮水，保持人员看护，防止发生意外。

八、疑似精神病人肇事

（一）岗前准备：视情携带盾牌、钢叉、警棍、催泪喷射器等装备。

（二）接警途中：与报警人电话联系，问明肇事现场位置、精神病人性别、是否持械、肇事方式、是否有人员伤亡等情况，初步评估。有人员伤亡的提前联系120急救人员到场救治。

（三）进入现场：通用。

（四）现场处置：

1. 疏散围观群众至安全区域，设置警戒带，隔离现场，防止肇事精神病人伤及围观群众。

2. 处置民警3人携带盾牌等装备以战斗队形接近持械肇事精神病人，中间民警与精神病人保持安全距离，两侧民警从侧面包抄。

3. 中间民警持盾牌掩护，在肇事精神病人可以交流的情况下，询问其身份和家庭情况、亲属联系电话等内容，尽量联系家人赶到现场配合处置，同时以诱导的方式让其放下所持器具。

4. 对民警有攻击行为或者威胁他人人身安全、财产安全或公共安全的，中间交流民警吸引其注意力，两侧民警相互配合，将疑似精神病人逼迫或者引诱到空旷地带，将手中的器具夺下，使用警绳、约束带加以控制约束带离。

5. 控制过程中，可以使用盾牌、警用钢叉、警棍、催泪瓦斯等非杀伤性武器和装备。对于持刀、棍正在实施暴力行为，威胁民警和现场其他人员人身安全的，可以使用警棍等制服性警械制止，尽可能攻击其非要害部位。

6. 肇事行为涉嫌违法犯罪的，及时调查取证，依法鉴定其刑事责任能力。

（五）抢救伤员：由现场医护人员负责，疑似精神病人病情发作或自伤自残行为受伤的，送医过程中应当采取必要的约束措施。

（六）现场取证：通用。

（七）现场处结：无暴力行为或者危险的，及时联系其家属或者监护人领回，对查找不到近亲属的流浪乞讨人员，及时通知民政部门处理（参照本编第五章发现疑似精神病人警情处置）。

对精神病人、疑似精神病人造成人身伤害和财产损失的，告知受害人向其监护人请求赔偿。

（八）后续办理：通用。

（九）注意事项：

1. 具备劝导条件的，尽量采取温言劝解、感化等方式，缓解其紧张心理。与疑似精神病人交流时可以采取理解、同情甚至哄骗的方法稳定其情绪，避免语言刺激。可以联系精神科医生或其亲友到场劝导，促使其放下凶器。

2. 处置时，民警尽量避开肇事精神病人的正面位置，防止受到攻击和伤害。

3. 肇事行为导致现场人员受到伤害、物品遭受毁损，达到刑事案件立案追诉标准的，应当立案侦查，对肇事人员采取刑事强制措施。同时启动司法精神病鉴定程序，对其刑事责任能力进行鉴定。经鉴定无刑事责任能力的，可以撤销案件将其释放，送至精神病医院采取临时的保护性约束措施，依法呈报强制医疗。

4. 肇事行为导致现场人员受到伤害、物品遭受毁损，未达到刑事案件立案追诉标准的，责令其监护人严加看护，加强治疗，同时告知受害人有权向精神病人的监护人提出赔偿诉求。

5. 对有暴力倾向的肇事、肇祸精神病人，辖区派出所要纳入全国重性精神病人信息管理系统，对危险性较高的精神病人，通知并配合有关部门做好救治监护、风险评估、随诊回访等工作。对危险度不高的严重精神病人，也应予以关注，并督促落实监护、管理。

九、艾滋病、新冠肺炎等传染病病毒携带者肇事

（一）岗前准备：必须携带盾牌、钢叉、警棍、催泪喷射器等武器装备，以及口罩、手套、防护服等器具。

（二）接警途中：与报警人电话联系，问明肇事现场位置、传染病人性别、是否持械、肇事方式、具体违法行为、是否有人员受伤等情况，进行初步评估。有人员受伤的，提前联

系疾控部门到场救治。

（三）进入现场：通用。

（四）现场处置：

1. 疏散围观群众至安全区域，设置警戒带，隔离现场，防止肇事传染病病毒携带者伤及围观群众。

2. 民警在处置前应当佩戴口罩、手套、防护服，做好自身的安全防范，避免被抓伤、咬伤。

3. 处置民警 3 人携带盾牌等装备以战斗队形接近肇事者，中间民警与其保持安全距离，两侧民警从侧面包抄。

4. 中间民警持盾牌掩护，以平缓的方式询问传染病病毒携带者身份和家庭情况、联系电话等内容，尽量联系家人赶到现场配合处置，以规劝的方式让其放下所持器具，停止肇事。

5. 口头制止无效，对民警有攻击行为或者威胁他人人身安全、财产安全或公共安全的，由中间民警吸引注意力，两侧民警相互配合将疑似传染病病毒携带者手中的器具夺下，使用警绳、手铐加以控制，强行带离。

6. 控制过程中，可以使用盾牌、警用钢叉、警棍、催泪喷射器等非杀伤性武器和装备。慎用徒手制止。

7. 肇事行为涉嫌违法犯罪的，及时调查取证，依法查处。

（五）抢救伤员：由疾控人员负责。对疑似传染病病毒携带者自伤、自残行为受伤的，送医过程中应当采取必要的约束措施。

（六）现场取证：通用。

（七）现场处结：及时联系疾控部门派人到场，对传染病病毒携带者遗留的血迹和相关接触物品、部位进行清理和善后。

（八）后续办理：通用。

（九）注意事项：

1. 与疑似传染病病毒携带者交流时可以采取理解、同情的方法稳定其情绪，缓解其紧张心理，设法联系其亲友到场劝导，促使其放下凶器。

2. 对疑似传染病病毒携带者控制后进行安全检查时，注意发现其身上是否携带针管，防止被针头等尖锐器物扎伤、划伤。

3. 处置过程中被肇事传染病病毒携带者抓伤、咬伤，或者不慎被扎伤、划伤、可能造成接触感染的，立即使用大量清水冲洗，并及时到卫生疾控部门治疗。

4. 处警完毕后，处警人员及时到卫生疾控部门进行预防检查。

十、聋哑人肇事

（一）岗前准备：视情携带盾牌、钢叉、警棍、催泪喷射器等武器装备。

（二）接警途中：与报警人电话联系，问明肇事现场位置、聋哑人性别、人数、是否持械、肇事方式、是否有人员受伤等情况，进行初步评估。有人员受伤的，提前联系 120 通知急救人员到场救治；同时请求指挥中心联系聋哑学校指派通晓手语的老师到场。

（三）进入现场：通用。

（四）现场处置：

1. 疏散围观群众至安全区域，设置警戒带，隔离现场。防止肇事聋哑人伤及围观群众。

2. 对持械肇事的聋哑人，处置民警 3 人携带盾牌等装备以战斗队形接近肇事者，中间民警与肇事者保持安全距离，用手势示意让其放下所持器具，停止肇事，两侧民警侧面包抄。

3. 对民警有攻击行为或者威胁他人人身安全、财产安全或公共安全的，中间民警吸引其注意力，两侧民警相互配合将聋哑人手中的器具夺下，使用警绳、手铐加以控制约束带离。

4. 控制过程中，可以使用盾牌、警用钢叉、警棍、催泪瓦斯等非杀伤性武器和装备。

5. 肇事行为涉嫌违法犯罪的，及时调查取证。

（五）抢救伤员：由现场医护人员负责。聋哑人自伤、自残受伤的，送医过程中应当采取必要的控制约束措施。

（六）现场取证：通用。

（七）现场处结：通用。

（八）后续办理：通用。

（九）注意事项：

1. 聋哑人使用危险器具挟持人质的，立即报告指挥中心，启动应急预案，参照本编第二章劫持人质警情处置。谈判和稳定情绪由通晓手语的人员配合。

2. 处置过程中防止行为人利用聋哑人特殊身份歪曲事实，扩大事端，诬陷民警。

3. 抓获、控制聋哑人后立即控制其手机，防止通过手机短信、微信等方式联络，必要时采取戴头套等方式，防止其通过手语交流。

4. 处置中要注意发现和打击利用聋哑人从事违法犯罪行为的指使、操纵者。

十一、孕妇、抱小孩者、肢体残疾人、老年人肇事

（一）岗前准备：通用。

（二）接警途中：与报警人电话联系，问明肇事现场位置、肇事人肇事方式、是否有人员受伤等情况，初步评估。视情拨打120通知急救人员到场。

（三）进入现场：通用。

（四）现场处置：

1. 向报警人表明执法身份，询问事发经过、肇事者的年龄、身体状况、精神状态、肇事方式以及造成的后果等情况。

2. 向肇事人表明执法身份，对具备沟通条件的，询问其事情经过、目的诉求，教育规劝其停止肇事行为，必要时联系其亲属到场规劝。

3. 采取制止措施前，尽量进行劝说教育。语言温和、有理有节，严肃指出其违法性质和后果，不纠缠、不谩骂。对带小孩的当事人，指出其行为的不良影响，责令其配合执法，给未成年人做好表率。

4. 口头制止和劝说教育无效的，采取隔离阻挡的方式予以制止。效果不好的，尽量采取徒手方式予以控制约束。

（1）孕妇、老人、有明显肢体残疾的人，尽可能徒手制止。

（2）怀抱婴幼儿的，在保障婴幼儿安全的前提下，尽可能徒手制止。制止时，防止当事人把婴幼儿作为抵挡工具，或者以伤害婴幼儿相威胁。制止后，将婴幼儿与当事人隔离，安排人员照看、安抚，避免婴幼儿惊吓跑动造成意外，防止婴幼儿突然挤入处置现场造成干扰。

（3）男性民警徒手制止女性违法犯罪嫌疑人时，尽量对其手腕、手肘等关节进行控制，避免接触其敏感部位或者对其坐压控制。必要时，报告指挥中心通知女性工作人员增援或者请现场女性群众协助。

5. 现场难以控制的，及时请求增援。等待增援过程中，当事人情绪、行为稳定的，不主动采取处置措施，保持安全距离。当事人行为失控、暴力抗法的，应当迅速与其拉开距离，保持戒备，视情采取防御性手段，必要时可以使用催泪喷射器等警械。

6. 带离现场时，采取扶、架、抬、推等巧妙用力的方式进行，避免强拉硬拽，慎用手铐等约束性警械。

（五）抢救伤员：由现场医护人员负责。

（六）现场取证：通用。

（七）现场处结：通用。

（八）后续办理：通用。

（九）注意事项：

1. 此类人员容易受到伤害，也容易得到同情。民警执法应当坚持理性、平和、文明、规范，减少执法风险，赢得群众支持。不得使用强硬、刺激性语言，慎用强制措施，减少肢体接触，尽量使用隔离阻挡的方式制止其肇事行为。

2. 有侮辱、殴打民警等行为的，不得采取报复性、侮辱性措施，不得与当事人厮打。优先使用催泪喷射器，必须使用警棍警械制止的，避免直接击打头部、裆部等要害部位以及其他敏感部位，动作幅度适度。

3. 妥善处理媒体记者采访和围观群众的拍摄行为，防止造成消极影响。

4. 处置过程中遇有肇事人员突发疾病的，立即联系医疗机构救治，及时取证证明其发病过程与民警处置无关。

5. 年满 70 周岁的老年肇事者，或者怀孕、哺乳自己不满 1 周岁婴儿的妇女有违法行为，应当拘留处罚而不能入所执行的，需要告知对方当事人相关法律规定，避免对公安机关产生误解。

十二、极端分子等肇事

（一）岗前准备：必须携带单警装备、盾牌、钢叉、催泪喷射器、枪支等警械和武器。

（二）接警途中：与报警人电话联系，问明肇事现场位置、肇事人员身份（基于何种原因判断）、是否持械、肇事方式、是否有人员伤亡等情况，分析评估。请求指挥中心联系国保、特警派出警力增援，联系民族宗教部门聘请通晓少数民族语言的翻译人员到场。有人员伤亡的及时通知 120 急救人员到场救治。

（三）进入现场：通用。

（四）现场处置（参与人数较多的，按照群体性事件处置）：

1. 疏散围观群众至安全区域，设置警戒带，隔离现场。防止肇事行为伤及围观群众。

2. 向报警人表明执法身份，进一步询问事发经过、基于何种原因判断对方的身份（哪个少数民族、信奉何种宗教）、年龄、精神状态、是否可以使用汉语交流、主要诉求等情况及时向指挥中心报告。

3. 向肇事行为人出示警察证件，表明执法身份，责令停止肇事行为；拒不服从民警口头制止命令，继续实施不法侵害，不立即制止将造成更严重后果的，处置民警分工协作，共同行动，快速控制约束肇事行为人。

4. 在现场局面混乱，现有警力不足以对肇事人员形成优势的情况下，请求快速支援，慎重采取控制抓捕措施，持续口头喝止违法嫌疑人停止违法犯罪行为，规劝告知法律后果，采取隔离阻挡、用执法记录仪跟踪拍摄违法行为、拨打 120 急救电话、设立警戒线等方式积极作为，增援力量到达后，再采取传唤或者强制传唤措施，控制约束肇事行为人。

5. 对持械实施暴力砍杀、劫持人质等危及公民生命安全和重大财产安全的，参照本编第二章严重暴力犯罪警情处置。

6. 肇事行为涉嫌违法犯罪的，及时调查取证，依法查处。

（五）抢救伤员：由现场医护人员负责。肇事人自伤、自残的，送医过程中应当采取必要的约束措施。

（六）现场取证：通用。

（七）现场处结：通用。

（八）后续办理：通用。

（九）注意事项：

1. 对于此类警情，指挥中心在指派辖区派出所出警的同时，应当指派国保、特警派出警力到现场增援，同时联系政府民族宗教部门和通晓少数民族语言的翻译到场。当班指挥长要亲临现场指挥。

2. 处置过程中稳妥、冷静、审慎，依法及时请示汇报，慎用武器、警械。

3. 在国保和民族宗教事务部门的指导下开展处置工作，正确执行国家民族宗教政策，严格区分两类不同性质的矛盾，避免因工作方法简单或操作方法不当激化矛盾，引发事端。

4. 处置过程中要尊重少数民族、宗教人士的风俗习惯、宗教信仰。正确把握民族风俗习惯和禁忌，注意工作方法，防止授人以柄，引发新的矛盾。必要时可以邀请当地宗教知名人士、民族中德高望重的族长、长者到场协助处置。

5. 极端分子一般具有较强的人身危险性，处置该类警情必须携带单警装备、处突装备和武器，做好自身的安全防护。

6. 网安和宣传部门要关注舆情，防止炒作。必要时召开新闻发布会，正面引导。

十三、发现流浪乞讨人员

（一）岗前准备：通用。

（二）接警途中：通用。

（三）进入现场：通用。

（四）现场处置：

1. 表明执法身份，核查相关人员身份信息。对有违法犯罪嫌疑，或者疑似走失、被遗弃、被拐卖、被侵害的流浪乞讨人员，应当查明相关情况，现场难以查明的带至公安机关继续核查。

（1）现场询问其身份信息、住所、流浪原因、家庭成员及联系方式等基本情况，并对其身份进行核实。身份不明的，通过调取监控录像、走访当地群众、比对公安机关走失人口库和人口信息管理系统、发布协查通报等方式，及时核查其身份信息。对两名以上流浪乞讨人员、有未成年流浪乞讨人员跟随的，通过公安机关信息系统核实相互之间的关系。

（2）采集信息。对来历不明的流浪乞讨和被强迫从事违法犯罪活动的未成年人，应当采集生物检材信息，录入全国打拐 DNA 信息库比对。

（3）违法犯罪线索。通过现场调查，核查公安机关信息系统，查明涉嫌违法犯罪情况。

2. 分类处理。

（1）流浪乞讨人员有违法犯罪或者被侵害嫌疑的，及时调查取证，依法处理。

（2）未发现违法犯罪行为的，告知其向救助保护机构求助，对残疾人、未成年人、老年人和行动不便的其他人员，应当引导、护送到救助保护机构。对父母或者其他监护人携带未成年人流浪乞讨的，应当批评、教育并引导护送到救助保护机构接受救助。

(3) 突发疾病的，立即报告指挥中心通知医疗急救机构进行救治。

（五）现场取证：通用。

（六）现场处结：通用。

（七）后续办理：通用。

（八）注意事项：对发现流浪乞讨人员的，应当告知其向救助保护机构求助，或者引导、护送其到救助保护机构。

十四、捡拾弃婴

（一）岗前准备：应有女警或者女性工作人员参与处警。

（二）接警途中：与报警人电话联系，了解现场位置、婴儿身体状况、是否还有生命体征等情况，对现场情况进行评估。必要时通知 120 急救车同步赶往现场。

（三）进入现场：通用。

（四）现场处置：

1. 设置警戒区域，疏散围观人员，维护现场秩序。

2. 对弃婴的穿着及包裹物、周边现场拍照录像固定后，迅速检查弃婴的生命体征。对不能确定是否存在生命迹象的婴儿，应当通知 120 急救车到场急救。情况紧急时，可以使用警车直接送附近医院急救。

3. 向报警人表明执法身份，进一步询问发现弃婴的时间、地点、婴儿穿着、周边环境以及发现者的姓名、联系方式等情况。

4. 走访周边目击证人、知情人，调取附近监控录像查找婴儿的监护人及其亲属。

5. 对现场查找不到监护人的，可将弃婴带回公安机关继续查找，并通知发现者以及见证人到公安机关制作询问笔录。

（五）现场取证：通用。

（六）现场处结：通用。

（七）后续办理：经工作确实查找不到监护人或亲属的，将弃婴连同发现时的字条、被褥、衣服、奶粉等随身物品以及相关记录移交民政部门。

（八）注意事项：遗弃婴儿涉嫌遗弃犯罪，应当移交刑侦部门立案侦查。

十五、发现人员死亡

（一）岗前准备：通用。

（二）接警途中：与报警人电话联系，了解现场位置、死者的年龄、性别、尸体表面是否有外伤等情况，对现场情况进行评估。请求指挥中心指派刑侦技术部门到场进行勘验。

（三）进入现场：通用。

（四）现场处置：

1. 设置警戒区域，疏散围观人员，保护现场，维护现场秩序。现场围观人员较多，又不便于隔离的，在不破坏现场的前提下对尸体采取适当遮挡措施。

2. 向报警人表明执法身份，进一步询问发现尸体的时间、过程、尸体是否被移动、尸体表面是否有外伤、现场是否有人进入等情况，及时报告指挥中心。

3. 不能明确判定是否死亡的，应当通知 120 急救车赶往现场，由医护人员确定其是否已经死亡。

4. 协助刑侦部门开展现场勘查和尸表检验，初步判断死亡性质。系非正常死亡的，由刑侦部门立案侦查，协助开展调查走访工作，搜集固定证据；系正常死亡的，根据死者携带的物品查找联系家属到场领回遗体，不能确定身份或家属无法到场的，联系殡仪馆妥善保存尸体。

（五）现场取证：通用。

（六）现场处结：通用。

（七）后续办理：通用。

（八）注意事项：

1. 接警时要提醒报警人保护现场，不得触碰现场的痕迹、物品和尸体。

2. 发现死者是境外人员的，应当立即通知出入境管理部门。

3. 对于需要进行尸体解剖的，应当通知死者家属到场签字同意。是境外人员的，还应通知其所属国家、地区驻华使领馆、办事处工作人员到场并签字同意。

4. 死者家属无正当理由拒不到场或者拒绝签名的，侦查人员应当在解剖通知书上注明；对身份不明的尸体、无法通知死者家属的，应当在笔录中注明。

第八章　阻碍执法和暴力妨害公务处置

一、阻碍其他行政部门执行职务

（一）岗前准备：通用。

（二）接警途中：及时与报警单位和报警人取得联系，问明现场是什么部门的工作人员在何地履行何种职务行为、事发原因、经过以及参与违法行为的人数、阻碍方式等情况。对于参与人数较多的，及时向指挥中心汇报，请求增援。

（三）进入现场：通用。

（四）现场处置：

1. 表明执法身份，指出其行为的违法性，责令其立即停止违法行为。

2. 对于不听劝阻继续实施拒绝阻碍行为，在优势警力状况下，出示警察证，实施口头传唤。不服从配合的，请示单位负责人批准，予以强制传唤。情况紧急的，可事后补办审批手续。

3. 实施强制传唤带离的过程中，视情采取徒手、使用警械等方式制服行为人，实施控制约束动作，不得有进攻和殴打行为。

4. 在尚未形成优势警力的情况下，不激化现场情绪，不主动实施传唤，不强制带离嫌疑人，防止升级为暴力抗法，妨害公务。

5. 在等待增援过程中，无论群众语言如何过分，处置民警都要保持冷静，语调平缓，不急不躁，不失言。如现场附近有房间，最好规劝双方能进入房间坐下来，有助于缓解现场的紧张对抗情绪。

6. 增援警力到达后，通过传唤或强制传唤方式带离现场。

7. 带离前，对违法嫌疑人员逐一进行必要的快速安全检查，排除安全隐患。

（五）现场取证：

1. 有监控录像的应当及时调取监控录像。

2. 通知涉事人员和周围群众到公安机关接受调查。周边群众不方便到公安机关的，应当记录其联系方式和车牌号码等方便事后查证。

（六）现场处结：通用。

（七）后续办理：查清事实，对相关违法嫌疑人依法处罚。

（八）注意事项：

1. 民警着制式警服在现场处置的，不需要再表明身份，但是实施口头传唤的，应当出示警察证件。

2. 执行职务应当由合法的执法主体按照法律规定的程序和范围进行。执法主体不合格，执法程序违法或者实施与职务无关的行为，不能认定是依法执行职务。行为人不构成阻碍执行职务行为的，可以根据其言行判断是否构成其他违法行为。

3. 民警在处置现场应当时刻与行为人保持安全距离，保护自身安全。

4. 冷静应对，妥善处置，不得与之对骂，不得使用挑衅性、引诱性语言，避免矛盾激化。

5. 处置过程中注意发现与双方无利害关系的证人，便于后期调查取证。

二、人民警察执法中遇到阻碍执行职务、暴力妨害公务

（一）岗前准备：略。

（二）接警途中：略。

（三）进入现场：略。

（四）现场处置：

1. 表明执法身份，指出其行为的违法性，责令立即停止违法行为。明示围观人员："警察执法，不要围观，避免误伤。"不得使用挑衅性、引诱性语言，避免矛盾激化，区分不同情形进行处置。

（1）以行为挑衅、软对抗等不作为、慢作为方式拒不执行命令的，可以依法传唤或者强制带离。驾驶人在机动车内拒不执行命令且不开门窗，不立即采取措施可能导致严重后果的，经明确告知将采取破门破窗、拖车的措施仍拒不执行命令的，可以破门破窗后带离、拖车带离，或者采取固定车辆的方式迫使其配合执法。拖车时应当防止其自行开动或者跳车造成伤害。

（2）以抓扯衣服、撕抢警号、掀打警帽、抢夺执法装备、拖拽、缠抱、肢体碰撞等轻微暴力方式阻碍执法或者袭击民警的，可以徒手制止、使用催泪喷射器等警械制止。冲闯警戒线警戒区的，可以使用警械制止。

（3）以扇耳光、拳打脚踢、持械殴打、驾车冲撞等严重暴力方法阻碍执法或者袭击民警的，可以使用警械制止；危及民警生命安全的，可以使用武器制止；驾车逃逸的，立即请求部署堵截；除非驾车逃跑后可能对公共安全和他人生命安全有严重威胁，民警不得驾车追缉，可采取通知前方执勤民警堵截或者记下车牌号、事后追查等方式处理。

（4）相关人员以喊“警察打人”等方式煽动群众、阻碍执法的，应当继续完成既定执法行为，不犹豫、不停顿，警告煽动者，责令立即停止煽动，否则依法采取强制性措施。

（5）女性以脱衣服的方式诬陷民警“耍流氓”、阻碍执法的，责令其立即穿上衣服。对不听劝阻的，尽量安排女性工作人员利用衣物、约束毯等遮挡约束，尽快带离现场。现场没有女性工作人员的，处置时避免接触其敏感部位。

（6）以自伤、自残、自杀、装病等方式阻碍执法的，立即制止。以声称有严重疾病、装病、装死方式阻碍执法的，立即通知医疗急救部门到场救治，或者报告指挥中心通知医疗急救部门到场救治，以送医方式将其带离现场。

（7）以下跪方式阻碍执法的，口头告诫的同时，绕至下跪者身后搀扶其起身，进行劝说和法制教育，促其尽快起身。避免站立在下跪人的正面，引起围观群众反感或者被利用炒作。劝说无效，拒不起身的，可以依法传唤或者强制带离。

2. 不听劝阻，继续实施阻碍和妨害公务行为的，在优势警力状况下，出示警察证，实施口头传唤。不服从配合的，请示单位负责人批准，予以强制传唤。情况紧急的，可事后补办审批手续。

3. 实施强制传唤带离的过程中，视情采取徒手、使用警械等方式制服行为人，实施控制约束动作，不得有进攻和殴打行为。

4. 带离前，对违法嫌疑人员逐一进行必要的快速安全检查，排除安全隐患。

（五）现场取证：

1. 有监控录像的应当及时调取监控录像。

2. 通知涉事人员和周围群众到公安机关接受调查。周边群众不方便到公安机关的，应当记录其联系方式和车牌号码等方便事后查证。

（六）现场处结：将违法行为人和阻碍执法的行为人、妨害公安的嫌疑人带离现场。

（七）后续办理：查清事实的基础上对相关嫌疑人依法追究责任。

（八）注意事项：

1. 民警着制式警服在现场处置的，不需要再表明身份，但是实施口头传唤的，应当出示警察证件。

2. 以侮辱、谩骂等言词方式阻碍执法的，不受其干扰，保持冷静。不得与之对骂，不得使用挑衅性、引诱性语言，避免激化矛盾。

3. 遇有多人阻碍执法，现场混乱的，视情请求增援。等待增援过程中，优先保护人员安全，必要时依法使用驱逐性警械。

4. 禁止抢夺现场群众的摄像器材，注意做好媒体记者采访和围观群众拍摄应对工作，防止引发负面影响。

5. 被阻碍执行职务的人民警察，可以作为证人，但是不能担任本案的调查人员；处置过程中注意发现与双方无利害关系的证人，便于后期调查取证。

6. 以暴力方法阻碍人民警察依法履行职务，或者暴力袭击人民警察，危及人民警察生命安全的，经警告无效可以使用武器；使用警械、武器应当以制止违法犯罪行为为限度；违法行为得到制止的，应当立即停止使用。

三、遭遇围攻

（一）岗前准备：略。

（二）接警途中：略。

（三）进入现场：略。

（四）现场处置：

1. 面对较多人员阻碍执法甚至以暴力威胁手段抗拒执法的情形，在尚未形成优势警力的情况下，不激化现场情绪，不主动实施传唤，不强制带离嫌疑人，防止现场态势进一步恶化，同时请求指挥中心快速增援。

2. 处置过程中个别民警因为口误或者行为不当，有时被现场执法对象抓住不放，形成矛盾焦点。处于矛盾焦点的民警无论群众语言如何过分，都必须保持冷静，语调平缓，不急不躁，不再失言。确实属于自身失误的，可以坦诚道歉。

3. 处于矛盾焦点的民警受到拳脚殴打的，可以隔挡招架，喝止违法行为，告知其法律责任，切忌动手还击。还击可能遭受更为严重的暴力侵害，给侵害人以口实，激化矛盾，恶化事态。

4. 处于非矛盾焦点的民警，分工合作，一部分民警进行阻挡隔离，使矛盾焦点民警和激烈对抗人员脱离接触，另一部分民警使用执法记录仪或者车载摄像装置、单兵摄像装置扫录现场，告知现场人员处于视频监控之下，违法犯罪行为必将受到法律严惩，促使现场降温。

5. 现场执法带队民警（或者其他年龄大、有经验的民警），大声喝止或通过扬声器喝止，要求现场人员都保持冷静。要求情绪激动的人和现场人员代表找自己反映诉求，转移注意力。现场有房间可以利用的，引导进入房间坐下来；现场没有房间的，可以引导上述人员到人群之外和自己谈，缓解现场紧张对抗情绪，耐心听取并记录对方诉求。

6. 增援警力到达后，通过传唤或强制传唤方式带离现场。实施强制传唤带离的过程中，视情采取徒手、使用警械等方式制服行为人，可以实施约束控制动作，不得实施进攻和殴打动作。

7. 带离前，对违法嫌疑人员逐一进行必要的快速安全检查，排除安全隐患。

（五）现场取证：同本章第二节。

（六）现场处结：同本章第二节。

（七）后续办理：同本章第二节。

（八）注意事项：同本章第二节。

四、警情实例

（一）辱骂

案情概述：某日，110接处置民警处置××花园小区门口发生一起打架斗殴事件。甲、乙两名女子因邻里纠纷打架撕扯，有群众围观。处置过程中，女子乙质疑民警处置不公，辱骂民警。

现场处置：

（1）调解过程中，乙认为民警有意偏袒甲，当场辱骂民警A。民警A大声告知："你的行为已涉嫌违法，必须立即停止，否则将采取强制措施！"明示围观人员："警察执法，不要围观，避免误伤。"

（2）如继续辱骂民警，民警A或B向乙出示警察证并大声告知："你的行为涉嫌阻碍执行职务，现依法对你传唤！"

（3）乙拒不接受口头传唤，民警A当即电话请示派出所负责人对乙强制传唤。经派出所负责人同意，对乙实施强制传唤。民警A、B及辅警人员合力控制其臂膀，使用约束性警械予以控制。

（4）（现场无女性工作人员，可以带至公安机关办案区安全检查）将乙带上警车，通知甲到公安机关接受调查。

（5）向现场目击群众了解情况，登记并留下联系方式，以备事后调查取证。调取现场周边的监控录像。

（6）将乙带至公安机关办案区安全检查，等候调查。向所在单位主要负责人汇报，补办传唤手续，联系治安部门对乙调查处理。

（二）无理索要执法证件

案情概述：某日凌晨2时许，巡逻民警A巡逻至××西路时，发现一男子甲形迹可疑，遂决定对其进行盘查。在巡逻民警A向甲表明身份并出示警察证后，甲仍无理索要执法证，故意刁难，拒不配合执法。

现场处置：

（1）民警A大声告知："警察证就是警察执法的合法证件！我们已经向你出示，请予以配合！"对方拒不配合，继续无理索要执法证。民警A大声告知："你的行为已经涉嫌阻碍公安民警执行职务！现依法对你传唤！"

（2）甲拒不接受口头传唤，民警A当即电话请示派出所负责人对乙强制传唤。派出所负责人的电话无法接通，因情况紧急，现场带队负责人民警B决定对乙实施强制传唤。[①] 民警

---

① 《公安机关办理行政案件程序规定》第五十六条规定，情况紧急，当场实施行政强制措施的，办案人民警察应当在二十四小时内依法向其所属的公安机关负责人报告，并补办批准手续。当场实施限制公民人身自由的行政强制措施的，办案人民警察应当在返回单位后立即报告，并补办批准手续。公安机关负责人认为不应当采取行政强制措施的，应当立即解除。

A、B及辅警人员合力控制其臂膀，但甲力气较大得以挣脱，欲与民警搏斗。

（3）民警B当即拿出催泪喷射器，向其警告："停止反抗，否则使用警械！无关人员闪开！"民警A和围观群众闪开，民警B在上风口向其面部喷射。趁其捂脸擦眼的时候，民警A、B和辅警合力将其控制，加戴手铐等约束性警械。

（4）对甲的面部使用清水清洗，进行必要的快速安全检查，排除安全隐患，将甲带上警车，带至公安机关接受调查。

（5）将甲带至公安机关办案区细致安全检查，等候调查。向所在单位主要负责人汇报，补办传唤手续，联系治安部门对甲的违法行为调查处理。对甲涉嫌其他违法犯罪行为的查处，查获民警不需回避。

（三）执法中遇到围攻

案情概述：某日21时许，某饭店门口发生打架斗殴治安案件。民警A、B带辅警C、D到现场处置。到现场后发现，两名醉酒男子甲、乙正在殴打一名男青年。处置民警到现场后表明警察身份，喝止其停止违法行为。处置民警出示警察证后，对二人依法传唤。二人拒不接受传唤。处置民警电话请示单位负责人后，对二人实施强制传唤。在对二人实施控制约束欲带离时，围观群众中走出7人至8人将处置民警和辅警拦住，企图阻止民警将甲、乙带离，并与民警发生推搡。

现场处置：

（1）民警A当即安排B向指挥中心报告，请求支援；C、

D 控制甲、乙防止脱逃。A 大声向围观群众喊话：“我们在依法执行公务，请你们配合！甲、乙二人涉嫌殴打他人，我们依法对他们进行传唤，请你们让出通道！阻碍人民警察执行职务，将受到法律追究！”

（2）人群中有人起哄，有人叫嚷：“你们不办手续就带人走！就是欺负我们！”还有人叫嚷：“你们这是乱执法，坚决不能把人带走！”民警 A 向周围群众大声解释：“口头传唤是法律赋予警察的权利，不需要法律文书！”但围观人员叫嚷：“别糊弄我们。”依然堵住通道，并向前拥挤。混乱中，有人向 B 打一耳光，B 随手还了一拳。随即人群中有人叫嚷：“警察打人！”现场态势骤然变得混乱。

（3）民警 A 示意 B 保持冷静，不得还手。B 面对混乱中的拳打脚踢，采取格挡的方式防护。A 随即挡在 B 和围观人员中间，单手高举，使用扬声器大声喊：“全都停下来！保持冷静！我是带队负责人，有什么事情向我反映！”（权威人员的强力命令，会对现场人员产生心理暗示。）要求 B 和自称被打的人跟自己一起到 ×× 饭店的大厅把事情讲清楚，同时安排 C、D 将甲、乙带进 ×× 饭店。进入饭店后，A 要求饭店工作人员打开一个房间，让 C、D 带甲、乙进入房间等候。

（4）民警 A 让自称被打的人讲清自己被打的经过，用随身携带的笔记本简要记录其姓名、住址、联系电话以及被打经过等，对所谓的被打部位进行拍照，询问其旁边的所谓见证人，问清并记录基本情况。其间，指挥中心安排的增援警力赶到，控制现场。

（5）在增援警力协助下，对涉嫌阻碍执行职务和妨害公务犯罪的相关人员，依法予以强制传唤，使用约束性警械加以约束，快速安全检查后带离。将甲、乙带回公安派出所依法调查处理。

（6）调取饭店门口和大厅的监控录像视频、现场周围车辆的行车记录仪视频，通知被殴打的男青年和饭店的服务人员以及部分现场见证人到公安机关接受调查。

第三编

现场管制和群体性事件处置

第一章　现场管制和交通管制

现场执法中，公安民警实施的强行带离，公安机关实施的交通管制和现场管制的权利来自《中华人民共和国人民警察法》。该法第八条规定，公安机关的人民警察对严重危害社会治安秩序或者威胁公共安全的人员，可以强行带离现场、依法予以拘留或者采取法律规定的其他措施。第十五条规定，县级以上人民政府公安机关，为预防和制止严重危害社会治安秩序的行为，可以在一定的区域和时间，限制人员、车辆的通行或者停留，必要时可以实行交通管制。公安机关的人民警察依照前款规定，可以采取相应的交通管制措施。第十七条规定，县级以上人民政府公安机关，经上级公安机关和同级人民政府批准，对严重危害社会治安秩序的突发事件，可以根据情况实行现场管制。公安机关的人民警察依照前款规定，可以采取必要手段强行驱散，并对拒不服从的人员强行带离现场或者立即予以拘留。

交通管制是指遇有冰冻、雨雪、雾霾等恶劣天气、自然灾害事故、重特大道路交通事故、治安刑事案件和突发事件等严重影响道路交通安全或危害社会治安秩序，以及集会游行、大型活动，抢险救灾、执行重要警卫任务等情况下，在一定的区域和时间限制人员、车辆通行或者停留的措施。

实施现场管制时，公安机关可以采取以下措施：第一，封闭现场和相关地区；第二，设置警戒线，划定警戒区域；第三，控制现场制高点；第四，控制区域性交通管制；第五，查验现场人员身份证件，盘查嫌疑人员；第六，禁止集会、游行示威活动；第七，责令围观人员立即离开现场，聚集人员立即解散；第八，对不听警告和命令、拒不离开现场人依法使用警棍、催泪弹、高压水枪等必要的非杀伤性警械强行驱散；第九，对经强行驱散的嫌疑人员及其所携带的物品进行检查，对非法携带的武器、管制刀具、标语、宣传单予以收缴；第十，对经强行驱散仍不离去的人员，可以强行带离现场或者立即予以拘留。

强行带离、交通管制和现场管制属于行政强制的范围，依照《中华人民共和国行政强制法》相关规定，在执行前应当履行告知程序，听取当事人陈述申辩。在处置群体性事件中可以在现场喊话中履行相关程序。具体操作参考下文“群体性事件处置”中的相关内容。

第二章　群体性事件处置

一、群体性事件的概念

群体性事件是指由于某些社会因素，特定群体或不特定多数人临时聚合形成偶合群体，通过规模性聚集表达诉求和主张，争取和维护自身利益，或者发泄不满、制造影响，对社会秩序和社会稳定造成重大负面影响的行动型事件。

二、群体性事件的特点

（一）聚众性和扩展性突出。群体性事件参与人数众多，没有固定的人数限制，在事件的发生和发展阶段往往快速扩张，呈现聚集人数快速增长。

（二）参与者有共同的利益诉求或共同的价值追求。共同的利益诉求或者共同的价值追求，容易在特定群体中形成共鸣，吸引更多群体成员参与到事件中。

（三）部分诉求具有合理性和目标易转换性。事件参与人员所提出的诉求部分或全部是合理的，容易引发广泛的同情，可以引起其他群体甚至是整个社会的关注和支持。由于事件参与人数众多，思想不容易统一，不断有人出谋划策，导致相关诉求不断变化升级，可能逐渐演变为非法和极端事件。

（四）骨干成员具有稳定性而组织结构具有松散性。群体性事件必然有人组织发动，有人推波助澜，有人积极表现。这些积极活跃的骨干是少数，相对稳定，但是没有形成具有章程或宗旨、架构层级分明、体系严密、分工固定的体系化组织。这种松散的组织架构，有利于分化瓦解，利用这一重要特征可以采取多种有效措施。

（五）表现形态多样性和违法犯罪伴生性。群体性事件表现形态多样，如集体上访、在特定的场所非法集会、在特定路段游行示威、在重要机关附近静坐等。在表达诉求的过程中，参与人员以阻断道路交通，围堵滋扰涉事单位，干扰正常生产、办公、教学、科研秩序等极端方式发泄不满，更有部分人员浑水摸鱼，乘机作乱，实施打、砸、抢、烧等严重暴力犯罪。

（六）矛盾复杂性和处置对抗性。群体事件中涉及众多人员利益，成因复杂，现场解决或短期内解决几乎不具有可行性。由于参与人员众多，有时会形成人多势众的态势，参与者既有法不责众的心态，又对自身力量有不切实际的判断，在处置过程中时常发生对抗执法的行为。

三、群体性事件处置的基本原则

本着“可散不可聚，可顺不可激，可解不可结”的总体思路，对突发群体性事件及早发现，及早控制，积极疏导，把问题解决在萌芽状态。一旦发生群体性事件，要采取果断措施，尽快平息，防止事态扩大，把危害后果减小到最低限度。处置中，应当坚持以下原则：

（一）积极预警原则。注意收集掌握苗头性、预警性信息，切实把握群体性事件动态，第一时间上报。配合有关部门，全力做好信访及群体性事件前期的疏导化解和劝阻工作，力争把问题解决在基层。

（二）党政领导原则。处置中公安机关要置于党委、政府的领导之下，与有关部门密切配合，处置过程中采取的重大措施须经党委、政府领导批准，同时报告上级公安机关同意。

（三）属地管理原则。事件发生后，属地派出所负责先期处置，区县公安局应当组织足够警力赶赴事发现场，妥善处置，稳控事态。

（四）依法稳妥原则。处置中应当讲究策略，出动警力或使用警械、采取强制手段必须严格依照法律程序。对规模较大、危害严重、具有暴力性的突发群体性事件，要态度坚决，集中警力，果断采取措施，迅速及时地控制局面；对非暴力性的群体性事件要加强教育疏导，进行法治宣传，尽力缓和情绪，配合有关部门化解矛盾，做好劝阻工作。

（五）统一指挥、协同作战原则。处置中实施统一指挥，统一调度，根据事件的性质、原因、规模、危害程度和事态发展，随时调整警力部署，确保有效控制和妥善处置。各部门要树立全局观念，服从命令，听从指挥，各司其职，各负其责，协同作战。

（六）慎用武器警械和强制措施原则。一般情况下，现场民警不得携带枪支，可以携带非杀伤性武器警械，须慎重使用；二线民警准备的武器警械，在出现严重打砸抢烧等暴力犯罪时，经上级公安机关批准，才可使用。

四、处置范围

因征地拆迁、医患关系、购房纠纷、企业破产倒闭或负责人失联、安全责任事故、共同利益群体等原因，引发的大规模人员聚集，通过下列极端方式表达诉求的：

（一）聚众围堵、冲击、扰乱机关、企事业单位的；

（二）聚众非法集会、游行、示威的；

（三）聚众阻断铁路、公路交通主干道的；

（四）引发罢工、罢市、罢课的；

（五）其他形式的群体性事件。

五、处置措施

处置群体性事件的基本措施有：宣传教育，疏导劝阻；划定警戒区域，设置警戒路障，控制现场制高点，录像取证；实行交通管制、新闻媒体管控；查验行人证件，对不听劝阻滞留现场的人员强行带离现场；根据事件的性质、原因、规模、危害程度和事态发展，确定相应对策和措施。

六、战术选择

（一）教育警示，分化瓦解

教育警示贯穿于群体性事件处置全过程。通过发放《群体性事件告诫书》、播放《群体性事件告诫书》录音、喊话、展示带有警告内容的横幅等方式，告知事件参与人员需要承担的法律后果，提醒其约束自身行为，可以给现场参与人员情绪降温，将积极参与者和一般参与者有效区分开来。利用组织松散性特征进行分化瓦解，可达到不战而胜的效果，在群体性事件处置实践中成效显著。

（二）前引后堵，两翼封闭

该战术通常在游行示威中采用。对依法申请的游行示威活动，应当派出警力在游行队伍前端引导，在队伍末尾跟随，对经过路段采取现场管制措施，防止闲散人员混入游行队伍滋事。对未依法申请的游行示威活动，采取上述措施的同时，安排便衣民警参与，一方面阻止人员加入，另一方面规劝参与人员脱离队伍，使游行队伍逐步解散。

（三）警力震慑，以逸待劳

事件现场气氛缓和，参与人员没有过激行为，没有造成危害后果，但暂时没有解散、退却意愿的情况下可以采用。一方面使用警戒带划定警戒区，保持警力部署，对参与人员形成震慑；另一方面利用参与人员临时纠集、缺少后勤保障、难以持久的特点，将其拖垮，达到以逸待劳的效果。

（四）围三缺一，有序减压

事件现场警力优势不明显，不适宜强制带离，而部分参与人员已有退意，还在犹豫不决时可以采用。布置警力从三面缓慢推进，不断挤压其活动空间，给现场参与人员形成压力，推动参与人员从留缺一面加速撤离，尽快恢复现场秩序。有违法犯罪行为的，可以在现场固定证据，采取事后抓捕的方法。根据现场进展，当剩有少数顽固人员时，可以迅速改变队形，形成合围之势，控制带离。

（五）顺势推进，巧“剥洋葱”

事件现场参与人员中可能老人和妇女较多，气氛相对缓和，参与人员没有过激行为，但有长期滞留迹象。对此，可组织警力四面并进，缓慢收缩，以“剥洋葱”的方式由外而内，尽量规劝参与人主动离开，逐一清退。对老年人或身体不便的病人、残疾人，可以采用搀扶的方式，送至遣返车辆。对以发病为理由拒绝离开的，可以安排急救车辆送医的方式带离现场。

（六）突击行动，强行带离

事件现场正在发生聚众冲击国家机关、聚众扰乱社会秩序、聚众扰乱交通秩序，或打砸抢烧等严重暴力犯罪行为，不予制止将造成更为严重的后果，经口头制止无效的，指挥人员应当迅速圈定现场核心骨干成员或者少数现场活跃分子，立足现有警力，发起突击行动，强行带离。参与突击的警力协作配合，锁定目标人员，优先使用催泪瓦斯等制服性警械，迅速控制带离。行动期间，警灯、警笛以及突击民警的命令口令应形成排山倒海之势，对现场参与人员形成强力震慑，使其不敢反抗，以达到快速控制现场之目的。

（七）周密部署，创造时机

在事件现场参与人员众多且与警方形成长时间对峙的情况下可以采用。长时间对峙，有利于调集警力，形成优势。经充分论证、周密部署，可以主动寻找时机或创造时机，以最稳妥的方法实施清场带离，恢复秩序。

七、具体措施

（一）接警环节

1. 接警员应当问清事件发生的时间、地点、原因、参与及围观的人数、人员的身份、年龄结构、人员伤亡、财产损失情况、诉求内容、行为方式、口号内容、是否有条幅、周边交通和治安环境等情况。

2. 根据报警情况，指令辖区派出所和就近的巡逻民警，携带必要的装备，赶往现场维持秩序，进行前期处置。指令交警对现场周边的路段，远端分流车辆和人员。

3. 立即报告当班指挥长，根据指挥长指令启动相关预案，视情指令国保、法制、治安、交警、巡特警、网安、宣传、督察等有关部门和派出所抽调警力赶赴现场待命，根据事件性质和规模协调联系应急救援等相关职能部门和 120 急救部门赶赴现场。

指挥长将有关情况速向单位主要负责人汇报，向同级党委、政府和上级公安机关报告。经上级公安机关和同级人民政府批准，对严重危害社会治安秩序的突发事件，可以根据情况实行现场管制和交通管制。

指挥长应当亲临一线指挥，或者由单位负责人指定的副局长担任现场指挥，必要时成立临时指挥部集体决策指挥。

（二）属地派出所前期处置

1. 岗前准备：必须携带警戒带、对讲机、扩音器、盾牌等防护器具以及《群体性事件告诫书》前往，非特殊情况不得携带杀伤性武器。由辖区派出所主要负责人带队处警。

2. 接警途中：通用。

3. 进入现场：

（1）分工负责：通用。

（2）视频记录：通用。

（3）及时报备：通用。

4. 前期处置：

（1）进入现场后在第一时间划定警戒线，设立警戒区，规劝现场参与人员和围观群众严禁封门堵路、严禁冲击单位和打砸抢烧等，要求相关人员退出警戒区，维护现场秩序。

（2）划定警戒线、设立警戒区有困难的，及时报告指挥中心，不强行划定，避免激化现场情绪。

（3）向现场群众了解事件的起因和问题的症结，倾听群众的诉求，掌握事件动态，及时报告指挥中心。

（4）利用扩音器播放告诫书录音，同时发放《群体性事件告诫书》，宣传法律法规，告知参与人员聚众扰乱单位秩序、扰乱公共场所秩序、妨碍交通工具正常行驶等行为的违法性及其相应承担的法律责任。

（5）规劝现场参与人员选派代表到相关部门反映诉求，在争取群众理解的情况下维护现场秩序。避免前期处置不作为、乱作为，导致事态扩大。

（三）增援力量职责

1. 治安等部门接到群体性事件指令后，立即安排人员着便衣携带密拍、录像设备到达现场，根据情况对现场进行秘密或公开拍照、录像取证。拍照、录像取证前，根据取证设备的数量、功能特点进行分工，固定人员和方位分别对事件现场进行拍摄。在现场制高点可以采取公开拍摄的方式，增强震慑效果。

2. 交警部门接到群体性事件指令后，立即安排警力赶到现场实行交通管制，疏导交通，并划定警戒区域，告知警戒区域外无关人员不得进入相关区域，劝导警戒区域内无关人员迅速离开，同时使用执法记录仪记录警戒区域的现场情况以及被堵塞车辆和车牌号情况。对要求进入现场的新闻媒体记者查看证件，同时告知其联系公安宣传部门，经统一安排，方可进入警戒区域。

3. 法制部门接到群体性事件指令后，立即安排法制民警赶到现场提前介入，当好现场指挥员的参谋和助手。

4. 宣传、网监部门接到群体性事件指令后，应当立即对网上舆情跟踪关注，适时公布事件真相，必要时召开新闻发布会。

5. 督察部门接到群体性事件指令后，应当立即赶到现场对处置过程全程督察。

（四）处突力量集结

1. 指挥中心根据指挥长和单位主要负责人的指令，统一指挥调集特巡警、相关派出所警力赶赴现场附近集结，听候命令随时进行处置。参与处置的各单位必须服从现场指挥员的指挥调度。

2. 接到参与处置指令的各单位应当由单位主要负责人带队，组织民警足额按时赶到指定位置集结，参与处置的民警必须按照规定携带单警装备和执法记录仪。赶到集结地点后，带队负责人应当整理队伍，列队进入集结地点，向现场指挥员报告单位和民警到位情况。

集结地点可以根据现场情况选择距离群体聚集区域 50 米至 100 米处，便于车辆通行和人员列队的开阔地带。现场处置民警应当列队待命，保持警容严整，对群体性事件参与人员形成震慑。等候时间较长时，可以根据现场指挥员指令在车内休息待命。

3. 现场清理前，现场指挥员应当召开单位负责人会议，汇总摸排情况和情报信息，安排布置任务，讲明注意事项。

（五）现场清理

1. 由现场指挥员或者指定的人员通过高音喇叭喊话，向现场聚集的人员下达解散命令，限定时间离开聚集现场。

2. 限定时间届满，对于不听劝阻继续实施聚众扰乱单位秩序、扰乱公共场所秩序、妨碍交通工具正常行驶或者非法集会、游行、示威活动的，现场指挥员可以通过扩音器下达指令，对相关人员依法传唤，强行带离。

3. 各单位根据任务分工，各司其职，同步展开，快速处置，对现场进行清理，带离相关人员。在前期取证中发现的组织策划人员以及积极参与人员，构成违法犯罪的，有针对性地实施抓捕；对抗拒清场的参与人员强行带离，一般参与人员予以劝离；对年老体弱者安排专人劝解、隔离，防止其阻碍清场或者造成误伤。

4. 处置过程中3～4名警力为一组，由外而内渐进实施。过程中对听从劝导，自行离开的，不使用强制手段带离；对不听劝导，执意滞留现场、拒不离开的，可以采取拖拽方式将其强行带离；对采取暴力手段抗拒带离的，可以使用催泪喷射器制服后带离。对群体性事件的首要分子和拒不服从人员强行快速带离现场。带离时将其所持的标语、横幅一并收缴。

强行带离过程中可以使用控制约束动作，不得有进攻击打行为。处置过程中应当全程录像取证。

5. 现场有人受伤或者带离过程中有人出现身体不适情形的，由120急救人员进行检查救治。

6. 参与人员和围观群众有拍照、录像行为的，应当告知其恶意网上传播造成不良影响的法律后果，规劝其自行删除，不得抢夺用于拍照录像的设备。

7. 现场清理过程中应当留有机动力量，以应对突发情形。

8. 现场清理后，保留适当警力维持秩序，观察处置后的状况，防止出现反弹。

（六）依法处理带离人员

1. 各单位对强行带离的涉嫌违法犯罪人员进行安全检查后迅速带回各自单位查明基本情况，拍摄能够反映其衣着和体貌特征的照片，搜集处置过程中获取的视频资料等待调度汇总。

2. 现场清理完毕，现场指挥员在属地派出所或者另行指定的其他地点召集案件处理调度会议。处置单位须安排负责参与审查的中层副职和具体办理民警，携带处置过程中获取的视频资料以及所带人员的基本情况和照片资料参加会议。

3. 在调度会上，事发地派出所应当详细介绍事发的原因和经过以及先期调查获取的证据；其他处置单位汇报带离人员的基本情况，汇总播放获取的视频；国保、治安、交警汇总、播放获取的视频资料；法制部门根据事发原因、视频资料以及已经获取的其他证据，研究确定案件的性质、需要打击处理的重点人员和调查取证的方向、要点。

4. 案件原则上由属地派出所受案主办，必要时现场指挥员根据具体情况指定案件的主办单位、主办人，指定治安、刑侦部门的牵头联系人员以及法制部门提前介入的民警。

5. 各单位应当根据调度会确定的重点人员和取证要点，迅速对所带人员进行询问并开展其他调查取证工作，严格按照规定时间进行材料汇总、上传。

6. 法制部门对汇总的证据材料认真审核、严格把关，将案件的起因、事发经过、参与人员的具体违法犯罪情节、相关证据向现场指挥员和分局主要负责同志详细汇报，本着有利于化解平息事态的原则，严格控制打击处理人员范围，依法对相关人员作出处理。

7. 案件主办单位负责处理案卷的整理和完善。

八、注意事项

1. 现场执勤民警要服从命令，听从指挥，确保警令畅通，严禁擅自行动。

2. 除便衣执勤民警外，现场民警要着装整齐，携带执法记录仪，携带单警装备、盾牌等防护器械。

3. 处置中要注意自身言行，讲究方式方法，避免因处置不当而导致矛盾转移、冲突升级；注意观察和控制现场人员的情绪，必要时给予适当安抚，不得轻易赞同、附和对方诉求或随意作出承诺。要严格文明执法，严禁激化矛盾，防止授人以柄。

4. 控制现场重点人时，为避免群众误解，激化矛盾，一般不当场公开控制。可以采取跟踪监视等方式，择机控制，或者等待清场命令下达后有针对性地控制。

5. 处置过程中，围绕中心现场可以设置多道警戒线，阻挡涉事人员进一步聚集，防止无关人员加入。采用“剥洋葱”的方法从外向内，通过查验相关人员的身份证件，将无关人员和刚涉入事件的人员劝离。

6. 处置在国家机关附近聚集的群体性事件时，要注意引导相关群体到信访接待场所反映诉求，同时加强对重要对象、重点单位的保护，防止被围攻和破坏。

7. 处置医患纠纷和安全责任事故引发的群体性事件时，应当理解事故本人和亲属的心情，可予以适当劝慰，规劝相关群体通过法律途径维权，保持理性，不随意承诺或者保证。可以提供双方沟通协商的平台，不介入纠纷的实质性内容。

8. 处置涉及民族、宗教因素的群体性事件时，尊重少数民族、宗教人士的风俗习惯、宗教信仰。正确把握民族风俗习惯和禁忌，注意工作方法，防止引发新的矛盾。应当联系政府民族宗教部门和通晓少数民族语言的翻译到场，可以邀请当地宗教知名人士、德高望重的族长、长者到场协助处置。

要注意判明涉事人员是否与邪教、恐怖组织有牵连，防止被别有用心的人员利用、操纵。处置中要采取有效措施防止不同群体间发生冲突。

9. 宣传、网安等部门应密切关注网络舆情，加强导控，防止有人渲染、歪曲和炒作。

附件一：

群体性事件现场视频取证要点

一、根据现场视频取证设备数量和功能特点进行分工。

二、取证时应当兼顾现场宏观场景和具体细节，内容包括：现场的整体情况；现场组织者、煽动者；带头闹事和呼喊口号、拉扯横幅等积极参加者的具体言行情况；拉扯横幅的具体内容；参与人乘坐车辆以及牌号的情况；参与人同被侵害群众或现场处置的公安人员发生冲突、争执等情节重点取证。

三、使用秘拍设备和执法记录仪取证时，应当尽量保持镜头方向和角度的稳定，避免剧烈晃动，需要转换取证角度时应当尽量平稳转换。

四、使用大型摄像机进行公开取证时，可以选定某处有利位置，通过转动角度和镜头拉伸兼顾宏观场景和具体细节；或者使用处警车的视频图像系统进行录像取证。

五、执行强行带离的任务时，每组可以安排一名佩戴执法记录仪的民警跟踪取证，不参与强制动作，以避免镜头晃动。

附件二：

群体性事件调查取证要点

一、询问违法嫌疑人要点：

1. 现场抓获的嫌疑人到案方式为口头传唤到案。

2. 对嫌疑人的基本情况详细记录。

3. 围绕时间、地点、手段、对象、后果等要素结合相关违法犯罪行为的法定构成要件，详细记录参与事件的起因、过程以及相关后果。

（1）自己和事件的关系如何？为何参与这一事件？

（2）组织者、纠集人是谁？谁通知联络自己参加的？自己又通知联络何人参加？是否出资？以何种理由出资？谁安排出资？谁管理集资款？集资款的具体用途？

（3）前期是否参与商量？是如何商定、具体分工的？谁准备的横幅、毛笔？谁具体书写的横幅？

（4）乘坐何种交通工具到场的？车辆牌号多少？同车的人员有哪些？在何处集结？集结后的大约人数？

（5）在现场本人的具体违法言行以及看到的同案其他人员的具体违法言行，具体衣着、体貌特征（对照视频资料询问）。

（6）是否听从相关单位工作人员和现场执勤民警的劝阻？参与事件的起止时间？

（7）造成的相关后果？

（8）其他应记录的违法行为。

二、被侵害单位负责人材料：

1. 事件的起因。

2. 事件的过程以及后果。

（1）起哄闹事的人数、具体位置、具体行为以及持续的时间和造成的后果；

（2）围堵、封闭相关单位主要出入通道或者交通干道的时间、人员的数量、使用的工具、车辆及来源、去向和特征及造成的后果；

（3）占据相关工作场所的方式、人数、时间，是否有人劝说、劝说的次数，拒不离开的情况以及造成的后果；

（4）被推拉、纠缠、辱骂、围攻、殴打的具体工作人员的基本情况，造成的伤害情况，以及由此带来的恶劣影响；

（5）被损坏的办公用具、物品、门窗等物品的特征、新旧程度及其价值，被毁坏的文件材料等；

（6）损失累计情况、主要诉求以及对事件的看法。

三、在事件中被侵害的个人材料：

1. 自己是被害单位的职工还是偶然路遇的情况。

2. 自己被侵害的过程。

3. 对侵害自己的违法嫌疑人，不知具体身份情况，应表述清楚其衣着、体貌特征。

4. 被侵害的后果、主要诉求以及对事件的看法。

四、现场第三人证言：

1. 自己在现场的原因。

2. 在现场的所见所闻。

3. 对表现活跃人员具体言行和衣着体貌特征的刻画。

4. 对事件的看法。

五、被侵害单位的监控录像和现场处置过程中获取的视频资料（报案时提交的制作接受证据清单；受案后到办案单位调取的，制作调取证据通知书和调取证据清单）。

六、现场参与处置民警的情况说明。

七、被侵害人的伤情鉴定、被损坏财产的价格认证、停产停业造成的损失审计结论等。

八、现场、勘验、检查笔录和照片。

九、违法犯罪嫌疑人组织、煽动、串联记录，包括 QQ 聊天记录、短信群发记录以及微信群发记录等。

十、被侵害单位的性质和资质的书面证明材料等。

附件三：

处置群体性事件告诫书

为依法稳妥处置各种群体性突发事件，维护社会政治稳定和正常的社会秩序，根据《中华人民共和国刑法》《中华人民共和国集会游行示威法》《中华人民共和国人民警察法》《中华人民共和国治安管理处罚法》《中华人民共和国信访条例》等有关法律、法规，印发本告诫书。

1. 在国家机关办公场所周围实施静坐，张贴、散发材料，呼喊口号，打横幅，穿着状衣、出示状纸，扬言自伤、自残、自杀等行为或者非法聚集，符合《中华人民共和国治安管理处罚法》第二十三条第一款第一项、第二款规定的，以扰乱单位秩序、聚众扰乱单位秩序依法予以治安管理处罚；符合《中华人民共和国刑法》第二百九十条第一款规定的，对非法聚集的首要分子和其他积极参加者以聚众扰乱社会秩序罪追究刑事责任；聚集多人围堵、冲击国家机关，扰乱国家机关正常秩序，符合《中华人民共和国刑法》第二百九十条第二款规定的，对首要分子和其他积极参加者以聚众冲击国家机关罪追究刑事责任。

2. 在医院和车站、码头、商场、公园、广场等公共场所张贴、散发材料，呼喊口号，打横幅，穿着状衣、出示状纸，或者非法聚集，以及在举办文化、体育等大型群众性活动或者国内、国际重大会议期间，在场馆周围、活动区域或者场内实施前述行为，符合《中华人民共和国治安管理处罚法》第二十三条第一款第二项、第二款或者第二十四条第一款第一项、第三项、第五项规定的，以扰乱公共场所秩序、聚众扰乱公共场所秩序或者强行进入大型活动场所内、在大型活动场所内展示侮辱性物品、向大型活动场所内投掷杂物依法予以治安管理处罚；聚众扰乱公共场所秩序，抗拒、阻碍国家治安管理工作人员依法执行职务，情节严重，符合《中华人民共和国刑法》第二百九十一条规定的，对首要分子以聚众扰乱公共场所秩序罪追究刑事责任。

3. 在信访接待场所、其他国家机关门前或者交通通道上堵塞、阻断交通或者非法聚集，影响交通工具正常行驶，符合《中华人民共和国治安管理处罚法》第二十三条第一款第四项、第二款规定的，以妨碍交通工具正常行驶、聚众妨碍交通工具正常行驶依法予以治安管理处罚；符合《中华人民共和国刑法》第二百九十一条规定的，对首要分子以聚众扰乱交通秩序罪追究刑事责任。

4. 煽动、策划非法集会、游行、示威，不听劝阻，符合《中华人民共和国治安管理处罚法》第五十五条规定的，以煽动、策划非法集会、游行、示威依法予以治安管理处罚；举行集会、游行、示威活动未经主管机关许可，未按照主管机关许可的目的、方式、标语、口号、起止时间、地点、路线进行，或者在进行中出现危害公共安全、破坏社会秩序情形的，根据《中华人民共和国集会游行示威法》第二十七条规定予以制止、命令解散；不听制止，拒不解散的，依法强行驱散、强行带离现场或者立即予以拘留；符合《中华人民共和国集会游行示威法》第二十八条规定的，对其负责人和直接责任人员依法予以警告或者拘留；拒不服从解散命令，符合《中华人民共和国刑法》第二百九十六条规定的，对负责人和直接责任人员，以非法集会、游行、示威罪追究刑事责任。集会游行示威过程中实施其他违法犯罪行为的，依法追究法律责任。

5. 阻碍国家机关工作人员依法执行职务，强行冲闯公安机关设置的警戒带、警戒区，或者阻碍执行紧急任务的消防车、救护车、工程抢险车、警车等车辆通行，符合《中华人民共和国治安管理处罚法》第五十条第一款第二项、第三项、第四项规定的，以阻碍执行职务、阻碍特种车辆通行、冲闯警戒带、警戒区依法予以治安管理处罚；阻碍人民警察依法执行职务的，从重处罚；使用暴力、威胁方法阻碍国家机关工作人员依法执行职务，符合《中华人民共和国刑法》第二百七十七条规定的，以妨害公务罪追究刑事责任。

6. 任意损毁、占用信访接待场所、国家机关或者他人财物，符合《中华人民共和国治安管理处罚法》第二十六条第三项规定的，以寻衅滋事依法予以治安管理处罚；符合《中华人民共和国刑法》第二百九十三条规定的，以寻衅滋事罪追究刑事责任。

7. 煽动群众暴力抗拒国家法律、行政法规实施，符合《中华人民共和国刑法》第二百七十八条规定的，以煽动暴力抗拒法律实施罪追究刑事责任。

附件四：

群体性事件喊话通稿

1. 现场的各位群众（乡亲、工友）请注意！你们反映的诉求，政府已经知悉。相关部门正在研究，将依法依规给予答复。你们反映诉求的方式已经违反了《中华人民共和国集会游行示威法》和《中华人民共和国治安管理处罚法》等相关法律规定，严重扰乱了社会治安秩序。请你们退出警戒区，到信访（或××）部门依法反映。否则，公安机关将依法实行现场管制。如有异议，请选派代表10分钟内到指挥车或（现场指挥部）反映！如有异议，请选派代表10分钟内到指挥车（或现场指挥部）反映！

2.（10分钟后）你们没有在规定的时间内到指挥车（或现场指挥部）反映，视为自动放弃。经××市公安局和××区人民政府的批准，××区公安分局决定在××区域，实行现场管制。限你们5分钟内离开，否则公安机关将依法强行带离！限你们5分钟内离开，否则公安机关将依法强行带离！

3.（5分钟后）请你们马上离开现场，否则公安机关将采取强制措施！

4.（1分钟后）参与行动的各单位请注意，现在开始强行带离！

第四编

警种部门现场执法

第一章　街面巡逻盘查

巡逻执勤主要有四项任务：一是接受路面群众的报警和求助；二是发现和调处街面纠纷；三是发现和制止街面违反治安管理和犯罪行为；四是在街面发现和查获有违法犯罪嫌疑的人员。巡逻民警在巡逻中接处警或者巡逻中遇到前三项执法行为，参照第二编中常见警情的处置，本章重点阐述在街面发现和查获违法犯罪嫌疑人的处置方法。

一、岗前准备

（一）岗前提示：通用。

（二）装备检查：小组成员根据任务分工，对车辆状况是否良好，工作证件是否携带，着装是否规范，携带的武器、警械和其他相关器材是否齐全，对讲机、执法记录仪以及其他电子设备逐一检查，发现问题予以排除后方可出发。

二、巡逻盘查对象

（一）被害人、证人控告或者指认其有犯罪行为的。

（二）有正在实施违反治安管理或者犯罪行为嫌疑的。

（三）有违反治安管理或者犯罪嫌疑且身份不明的。

（四）携带的物品可能是违反治安管理或者犯罪的赃物的。

三、实施盘问检查

（一）分工负责：带队负责人应当根据现有警力和盘查对象的人数对小组成员的任务分工进行明确，盘问、警戒、检查等任务应当具体到个人，各司其职，协同配合。

（二）视频记录：盘问检查前开启执法记录仪，全面记录处置过程。

（三）态势评估：发现嫌疑对象后，巡逻民警应当根据现场情形，选择光线较好、场地开阔、有依托或者容易得到支援的场地、道路等作为盘查地点，合理站位，保持戒备，根据盘查对象的人数、年龄、性别、携带物品等因素，快速判断，采取相应盘问检查措施。

（四）请求增援：对于盘问对象人数较多，携带物品可疑，情绪激烈，或者盘问检查过程中矛盾激化，出现多人阻碍民警执法，暴力攻击执法民警的情形，应当立即向指挥中心报告，请求快速增援。

（五）盘问检查：

1. 巡逻小组呈战斗队形拦停被盘问人。主盘问民警，敬礼并告知被盘问人："××单位民警，现依法对你进行盘问检查，请配合。请您出示身份证件或其他有效证件……"嫌疑人逃跑或有逃跑迹象的，先控制约束，进行安全检查后再盘问。

2. 查验身份。未携带身份证件的，请其出示居住证、护照、驾驶证、社保卡等可以证明身份的证件，也可以请其提供身份证号码、姓名住址、工作单位等信息进行查验。（1）查验证件防伪暗记和标识，或者通过身份证阅读机判定真伪；（2）查验证件内容，进行人证一致性认定；（3）注意观察被盘查人反应，让持证人自诉证件内容，边问边查；（4）通过公安信息系统核对；（5）拒绝查验身份，涉嫌阻碍人民警察执行职务的，可以依法传唤至公安机关；（6）经查验有违法犯罪嫌疑而身份依然不明的，可以依法将其带至公安机关继续盘问。

3. 人身安全检查。对经过盘问，确认有违法犯罪行为或者嫌疑不能排除的，应当先对被盘查人依法进行人身安全检查，再检查其随身携带的物品。盘问检查过程中，嫌疑人逃跑或有逃跑迹象的，先控制约束后再进行安全检查。对可疑人员进行人身安全检查，应当遵守以下规定：

（1）有效控制被检查的嫌疑对象，在警戒人员的戒备下进行检查，防止自身受到攻击和伤害。

（2）对女性进行人身安全检查，应当由女性工作人员进行，可能危及检查民警安全或者直接危害公共安全、情况特别紧急的除外。在街面盘查女性嫌疑人除上述特殊情形，可以暂不进行安全检查，带至公安机关后再由女性工作人员进行安全检查。

（3）对拒绝接受检查的，可以依法将其带至公安机关继续盘问；体内可能藏有可疑物而现场没有检查设备的，以及其他不适合当场检查的，可以带至公安机关或者指定地点进行检查。

（4）责令被检查人张开双手，伸开双臂高举过头，背向检查人扶墙或者扶车站立，双脚分开尽量后移。一名民警负责警戒，另一名民警站于其身后并将一只脚置于其双脚中间，一只手抵住其后背施加压力，另一只手迅速从上到下、从头到衣领及身体各部位进行检查，完成一侧后再检查另一侧，特别注意头发内部、衣领、腋下、腰部、裆部及双腿内侧等可能藏匿凶器或者武器的部位。

（5）检查时，重点检查有无凶器、武器和爆炸物等危险品以及具有赃证嫌疑的物品，检查中发现的上述物品应当登记暂存。对可能携带凶器、武器和爆炸物等危险品的可疑人员，必要时可以使用约束性警械约束后进行检查。

（6）盘问中发现被盘问对象可能患有艾滋病、肺结核等传染性疾病的，应当戴口罩和手套、使用工具进行检查，谨防因接触注射针筒、刀片等物品而感染疾病或者受伤。经外部探查，在保证安全的前提下，可以命令被检查人自己将衣服口袋翻出、解下腰带、脱掉鞋袜接受检查。

（7）检查过程中应当注意被检查人的一举一动，避免让佩带枪支一侧靠近被检查人。

（8）当被检查人有异常举动时，警戒人应当立即发出警告，命令其停止动作并做好自身防范，可以依法视情使用警棍、催泪喷雾器、武器等予以制止，必要时可以要求其他民警协助。

（9）不得采取侮辱人格、有伤风化的方式进行检查。

4. 物品安全检查。检查物品时，应当遵守下列规定：

（1）责令被检查人将物品放在安全位置，不得让其自行翻拿。

（2）由一名民警负责检查物品，其他民警负责监控被检查人。

（3）开启箱包时应当先仔细观察，注意避免接触有毒、易爆、腐蚀性、放射性等危险物品。按照自上而下的顺序拿取物品，不得掏底取物或者将物品直接倒出。

（4）对有声、有味的物品，应当谨慎拿取。

（5）发现毒害性、爆炸性、腐蚀性、放射性物品或者传染病病原体等危险物质时，应当立即组织疏散现场人员，设置隔离带，封锁现场，及时报告，由专业人员进行排除。

（6）对违禁品，应当会同在场见证人和物品持有人查点清楚，当场开列清单，予以扣押或者收缴。

（7）避免损坏或者遗失财物。

5. 检查车辆。检查机动车辆时，应当遵守下列规定：

（1）对行进中的车辆进行拦截检查时，应当手持停车示意牌或者放置停车标志，在被检查车辆侧前方向其作出明确的停车示意手势等非直接拦截方式；不得站立在车辆行进方向的行车道上拦截车辆，不得站在车辆前强行拦截，不得脚踏车辆踏板、将头或者手臂等伸进车辆驾驶室、攀扒车辆。

（2）责令驾驶员将车辆熄火，拉紧手制动，将双手放在方向盘上，确认安全后拉开车门责令其下车，必要时暂时收存车钥匙。

（3）对人身进行安全检查。

（4）查验身份证件、驾驶证、行驶证和车辆牌照（参考2. 查验身份）。

（5）观察车辆外观、锁具和内部装置。

（6）检查车载货物和车内物品。

（7）检查车的后备厢以及车底部。

（8）驾驶员拒检，驾车逃逸的，除可能对公共安全和他人生命安全有严重威胁外，不得驾车追缉。应当立即报告指挥中心，请求部署拦截；并记下车号事后追查。

四、盘问检查后续办理

1. 让被盘查人离去。经盘查排除违法犯罪嫌疑的，民警应当向被盘查人敬礼，并说“谢谢你的合作”，让其清点核对物品离去。

2. 移交逃犯。经盘查确认是逃跑、被通缉的犯罪嫌疑人或者罪犯的，应当立即使用约束性警械将其控制，带回公安机关临时羁押，等待移交主办单位。移交时，应当会同接收人员对被移交人进行人身检查，清点物品，并做好记录，要求接收人员签字确认。

3. 采取侦查、调查和强制措施。经当场盘问确认被盘查人身份系逃犯的，可以依法采取刑事强制措施。

4. 继续盘问。符合继续盘问条件的，巡逻民警应当将其带回继续盘问。补充制作当场盘问检查笔录，对相关物品登记暂存。

5. 信息录入：将盘问检查的相关视音频证据，依照有关规定及时录入执法办案信息系统或者数据库。

五、后续办理[①]

六、注意事项

1. 盘问检查要讲究方式方法，礼貌待人，用语规范。一般应当先盘问后检查。但对特定目标的盘查，也可以先控制约束，进行安全检查后再盘问。

2. 盘查车辆时，必须要求车辆停车熄火，驾乘人员下车接受检查。检查人员不得站立在车辆行进方向的行车道上拦截车辆，不得站在车辆前强行拦截，不得脚踏车辆踏板或者将手臂等伸进车辆驾驶室、攀扒车辆。

3. 盘问检查后未发现问题的，应致歉放行。因盘查可能延误群众急事的应给予帮助，对盘查有误解的应给予解释，盘查中无意损坏的物品应当赔偿。

4. 盘问检查全程应当保持高度警惕：

（1）盘查过程中应当保持高度警惕，注意被盘查人的身份、体貌、衣着、行为、携带物品等有无可疑之处，防止其反抗、逃跑、自杀、自残等危险行为，随时做好应对突发情况的准备。

---

① 适用通用规程。

（2）对有一定危险性的违法犯罪嫌疑人，可以先将其控制并对其进行检查，确认无危险后方可实施盘问。

（3）盘查时由一人主问主查，其他人员负责警戒，防止被盘查人或者其同伙的袭击。

（4）盘查时，应当与被盘查人保持安全距离，尽量让其背对开阔场地。

（5）盘查多名可疑人员时，应当责令所有被盘查人背对开阔场地，并在实施控制后，分别进行盘查。

5. 公安民警在执法执勤过程中，遇有下列情形之一的，可以查验有关人员的居民身份证件：

（1）对有违法犯罪嫌疑的人员，需要查明身份的；

（2）依法实施现场管制时，需要查明有关人员身份的；

（3）发生恐怖事件或者其他严重危害社会治安突发事件时，需要查明现场有关人员身份的；

（4）在火车站、长途汽车站、港口、码头、机场，或者在重大活动期间设区的市级人民政府规定的场所，需要查明有关人员身份的；

（5）法律规定需要查明身份的其他情形。

附相关文书范本：

当场盘问、检查笔录

当场盘问、检查时间：2017 年2 月9 日2 时10 分始至2 时25 分止

当场盘问、检查地点：××市A路与B路交叉口

当场盘问、检查人：刘×× 单位及职务：××公安分局××派出所

李×× 单位及职务：××公安分局××派出所

被盘问人姓名：任× 曾用名：无 性别 男

出生年月日：1967 年2 月14 日　文化程度：初中　民族：汉族

身份证件名称及号码：居民身份证：××××××××××××××××××

户籍所在地：××市××区××小区×号楼×单元×号

现住址：××市××区××小区×号楼×单元×号

工作单位：×市建筑公司

被盘问人被带至公安机关的具体时间：2017 年2 月9 日2 时30 分

当场盘问、检查情况记录如下（包括对被盘问、检查人提出的问题及其回答情况，携带的财物名称、种类、型号、数量及当场检查情况等）：

2017 年2 月9 日凌晨，××市公安局××分局××派出所民警刘××和李××带领辅警张×和田×执行夜间巡逻任务。约2 时许，民警巡逻至幸福市场时发现一名男子左右张望，发现巡逻警车后有意躲避，形迹可疑。遂将其拦停，进行盘问检查。拦停前，打开执法记录仪对盘问检查过程全程记录。

问：我们是××市公安局××区分局的民警（出示警官证），现在依法对你进行当场盘问、检查，请你配合。

答：（神情慌张）有什么事吗？

问：按照我们的要求去做。将包放在地上，转过身去，左跨一步（右跨一步），双手高举过头，双脚分开，双手扶墙站立。

被盘问人将包扔在地上，撒腿就跑。跑出50余米被巡逻民警追上，控制约束。巡逻民警遂对其人身和丢弃的提包进行检查。经检查，从其裤子右侧口袋内发现一个钱包，内有现金700余元和银行卡等物品，从其上衣左侧口袋内发现手机一部。从其丢弃在地上的提包内检查出电子秤一个、较大的塑料袋一个，内有白色可疑粉末，数量不详，微型透明塑料袋若干。

向被盘问人宣读其依法享有下列权利：

1. 对人民警察侵犯其合法权益的行为，有权提出控告。

2. 有权申请继续盘问人回避。

3. 有权为自己辩解。

4. 对人民警察的提问，应当如实回答。对与本案无关的问题，有权拒绝回答。

5. 有权核对笔录（如果被盘问人没有阅读能力，人民警察应当向其宣读）。如果笔录记载有遗漏或者差错，有权提出补充或者改正。

6. 有权对错误的继续盘问申请国家赔偿。

问：刚才给你宣读的权利你听清楚了吗？

答：听清楚了。

问：你应当如实回答我们的问题，对与本案无关的问题，你可以不回答，明白吗？

答：明白。

问：你提包内装的是什么物品？

答：是止痛药粉。

问：小塑料袋是做什么用的？

答：是分开装药粉的。

问：电子秤是干什么的？

答：我刚刚从商店买的。

问：你买电子秤干什么？

答：(张口结舌) 不干什么。

问：你为什么扔下你的东西逃跑？

答：我没有逃跑，是急着去上厕所。

问：上厕所也不至于丢下你的包吧？你跑的方向根本没有厕所，怎么解释？

答：这个……

问：你不能说清包内物品的来源和用途，我们需要将你带回派出所依法继续盘问，请你配合。

答：我又没有违法犯罪，你们带我去派出所干什么？

问：你的回答无法排除你的违法犯罪嫌疑，请跟我们到就近的派出所，我们要依照《中华人民共和国人民警察法》第九条的规定，对你依法继续盘问。

答：那好吧。

巡逻民警遂将其带上警车，约2时30分带至派出所办案区，对其进行安全检查，清点随身物品登记暂存，呈报继续盘问，并回放当场盘问检查的视音频，补充制作该笔录。

问：笔录已制作好，请你核对一下，如果有误，你可以修改、补充。你自己可以看吗？如果不能看，我们可以读给你听。

答：我可以自己看。(看了5分钟) 笔录没有错误。

问：如果没有错误，就请你在每一页上签字或捺指印。

答：以上记录我看过，记录属实。(捺印)

被盘问人：任××　(捺印)

2017年2月9日2时45分

被盘问人拒绝签名和捺印指纹的，应注明原因：______

当场盘问、检查人（签名）：刘××　李××

记录人（签名）：李××

××市公安局××分局暂存物品清单

××公×存物字［2017］第××号

<table>
<tr><td>物品持有人姓名</td><td>任×</td><td>性　别</td><td>男</td><td>出生年月日</td><td>1967年2月14日</td></tr>
<tr><td>身份证件名称及号码</td><td colspan="2">身份证：××××××××××××××××××</td><td>继续盘问审批表编号</td><td colspan="2">××公×盘审字〔2017〕第××号</td></tr>
<tr><td>户籍所在地</td><td colspan="5">××市××区××小区×号楼×单元×号</td></tr>
<tr><td>现住址</td><td colspan="5">××市××区××小区×号楼×单元×号</td></tr>
<tr><td>工作单位</td><td colspan="5">×市建筑公司</td></tr>
<tr><td>暂存物品编　号</td><td>名称</td><td>型号</td><td>数量</td><td>特征</td><td>备注</td></tr>
<tr><td>1</td><td>电子秤</td><td>××型</td><td>1个</td><td>银灰色塑料外壳</td><td>有电池可以正常使用</td></tr>
<tr><td>2</td><td>粉状物</td><td>不明</td><td>37.02克</td><td>透明塑料袋包装</td><td>用随身携带的电子秤带包称量</td></tr>
<tr><td>3</td><td>分装袋</td><td>小型</td><td>56个</td><td>透明塑料材质</td><td>车架号发动机号同</td></tr>
<tr><td>4</td><td>现金</td><td>无</td><td>768元</td><td>无</td><td>无</td></tr>
<tr><td>5</td><td>手机</td><td>××牌</td><td>1部</td><td>××型号</td><td>1896320××××</td></tr>
<tr><td colspan="3">物品持有人（签名）：任×（捺印）

2017年2月9日</td><td colspan="3">承办人（签名）：刘××　李××

2017年2月9日</td></tr>
<tr><td colspan="6">暂存物品处理情况：电子秤、粉状物、现金、手机等物品立案后转为刑事扣押。
物品持有人（签名）：任×（捺印）　　承办人（签名）：刘××　李××
2017年2月10日　　2017年2月10日</td></tr>
<tr><td>备　　注</td><td colspan="5"></td></tr>
</table>

此表一式两份，一份交暂存物品持有人，一份附卷。

××市公安局××分局继续盘问审批表

××公×盘审字［2017］第××号

<table>
<tr><td>拟继续盘问人姓名</td><td>任×</td><td>曾用名</td><td>无</td><td>性别</td><td>男</td><td>民族</td><td>汉</td></tr>
<tr><td>出生年月日</td><td>1967年2月14日</td><td>文化程度</td><td>初中</td><td colspan="2">身份证件名称及号码</td><td colspan="2">××××××××××××××××</td></tr>
<tr><td>户籍所在地</td><td colspan="4">××市××区××小区×号楼×单元×号</td><td colspan="2">健康状况</td><td>健康</td></tr>
<tr><td>现住址</td><td colspan="4">××市××区××小区×号楼×单元×号</td><td colspan="2">电话</td><td>无</td></tr>
<tr><td>工作单位</td><td colspan="4">×市建筑公司</td><td colspan="2">电话</td><td>无</td></tr>
<tr><td>当场盘问、检查情况</td><td colspan="7">2017年2月9日2时10分左右，××派出所民警刘××和李××在A路与B路交叉路口，发现任×形迹可疑，在对其当场盘问检查过程中，任×丢弃手中的提包逃跑，被民警刘××和李××追赶控制，并从其丢弃的提包内发现电子秤、塑料袋、可疑粉末等物品。</td></tr>
<tr><td>继续盘问理由</td><td colspan="7">经当场盘问检查后，不能排除其携带的物品可能是违反治安管理或者犯罪的赃物，根据《中华人民共和国人民警察法》第九条和《公安机关适用继续盘问规定》第八条的规定，提请对任×适用继续盘问。</td></tr>
<tr><td colspan="2">继续盘问起止时间</td><td colspan="6">2017年2月9日3时始至2017年2月9日15时止</td></tr>
<tr><td>承办人</td><td colspan="2">刘×× 李××</td><td colspan="2">承办单位</td><td colspan="3">××分局××派出所</td></tr>
<tr><td>公安派出所意见</td><td colspan="7">同意对任××依法适用继续盘问12小时。
（公安派出所印章）
负责人（签名）：姜×× 2017年2月9日3时</td></tr>
<tr><td>备注</td><td colspan="7"></td></tr>
</table>

复印、传真或通过计算机网络报所属县、市、旗公安局

填表日期：2017年2月9日3时或城市公安分局主管派出所工作的业务部门备案

××市公安局××分局延长继续盘问时限审批表

××市中公×盘延审字［2017］第××号

<table>
<tr><td>被盘问人姓名</td><td>任×</td><td>曾用名</td><td>无</td><td>性　别</td><td>男</td><td>民　族</td><td>汉</td></tr>
<tr><td>出生年月日</td><td colspan="2">1967年2月14日</td><td colspan="2">身份证件名称及号码</td><td colspan="3">×××××××××××
×××××</td></tr>
<tr><td>户籍所在地</td><td colspan="4">××市××区××小区×号楼×单元×号</td><td>健康状况</td><td colspan="2">健康</td></tr>
<tr><td>现住址</td><td colspan="4">××市××区××小区×号楼×单元×号</td><td>电　　话</td><td colspan="2">无</td></tr>
<tr><td>工作单位</td><td colspan="4">×市建筑公司</td><td>电　　话</td><td colspan="2">无</td></tr>
<tr><td>继续盘问通知书编号</td><td colspan="2">××公×盘通字［2017］第××号</td><td colspan="2">首次延长继续盘问时限审批编号</td><td colspan="3">××公×盘审字［2017］第××号</td></tr>
<tr><td>延长继续盘问时限理由</td><td colspan="7">继续盘问12小时难以证实或者排除任×的贩毒犯罪嫌疑。</td></tr>
<tr><td>延长继续盘问起止时间</td><td colspan="7">2017年2月9日15时始至2017年2月10日3时止</td></tr>
<tr><td>承办人</td><td colspan="2">刘××　王××</td><td colspan="2">承办单位</td><td colspan="3">××分局××派出所</td></tr>
<tr><td>承办单位意　　见</td><td colspan="7">按照《中华人民共和国人民警察法》第九条和《公安机关适用继续盘问规定》第十一条、第十七条的规定，提请对张×延长继续盘问时限至24小时，请审批。
（××公安分局××派出所印章）
负责人（签名）：姜××　　2017年2月9日15时</td></tr>
<tr><td>县、市、旗公安局或城市公安意见分局</td><td colspan="7">同意对任×依法延长继续盘问时限至24小时。
（××公安分局印章）
负责人（签名）：汤××　　2017年2月9日15时</td></tr>
<tr><td>备　　注</td><td colspan="7"></td></tr>
</table>

此表须附在《继续盘问审批表》和首次《延长继续盘问时限审批表》后　　填表日期：2017年2月9日14时

第二章　设卡盘查

设卡盘查，是公安机关为侦破案件、搜捕重大案件嫌疑人、加强治安管控的一种传统战法。执行设卡盘查任务，应当制订方案，周密部署。方案应当包括任务目标、卡点布局、指挥关系、协作机制和警力、装备、通信、后勤保障措施以及处置突发情况的应对措施等内容。

一、岗前准备

（一）岗前提示：通用。

（二）装备检查：除常用装备外还应携带防弹背心、防弹头盔、枪支、卡点停车检查反光指示牌、反光背心、反光锥、路障、破胎器、酒精检测仪等装备。

二、卡点设置

（一）制订方案，周密部署。方案应包括任务目标、指挥关系、协作机制和警力、装备、通信、后勤保障措施、处置突发情况的应对措施等内容。

（二）设置卡点应当选择视野开阔、便于拦截检查和展开警力的地点，并尽量避开人群、居民稠密区、密林地、易燃易爆和剧毒化学物品仓库等复杂地段和场所。

（三）执行设卡堵截任务时，在卡点前方明显位置设立“停车检查”反光指示牌和阻车路障，使用反光锥压缩车道降低车速，引导车辆进入待检区。合理设置待检区，盘查检验后的车辆在反光锥引导下，曲线在驶离卡点。卡点前方应当设置阻车路障，并在适当距离内设置隐蔽观察哨位，以便提前发现目标，及时通知卡点准备拦截；卡点后方适当距离内设置闯卡破胎器。保持卡点警灯闪烁。

根据任务需要设置复式卡点。第一道卡可以设为常规检查卡位，第二道卡可以设置为武装拦截抓捕卡或者便衣伪装缉捕卡。

（四）检查卡点根据任务需要配置警力，交警、特警、治安警可混合编组，联合执法，每个卡点一般不少于4人。

三、设卡盘查对象

（一）被害人、证人控告或者指认其有犯罪行为的；

（二）有正在实施违反治安管理或者犯罪行为嫌疑的；

（三）有违反治安管理或者犯罪嫌疑且身份不明的；

（四）携带的物品（驾驶的车辆）可能是违反治安管理或者犯罪的赃物的。

四、实施盘问检查

（一）分工负责：带队负责人应当根据警力对小组成员明

确拦截、警戒和盘查等任务分工，任务到个人，各司其职，协同配合。

（二）视频记录：盘问检查前开启执法记录仪，全面记录处置过程。

（三）态势评估：发现嫌疑对象后，设卡民警要合理站位，保持戒备，根据盘查对象的人数、年龄、性别、携带物品等因素，快速判断，采取相应盘问检查措施。

（四）请求增援：对于盘问对象人数较多、携带可疑物品，情绪激烈，或者盘问检查过程中矛盾激化出现多人阻碍民警执法、暴力攻击执法民警的情形，应当立即向指挥中心报告，请求快速增援。

（五）盘问检查：参照本编第一章。

五、盘问检查后续办理①

六、注意事项

1. 盘问检查要讲究方式方法，礼貌待人，用语规范。一般应当先盘问后检查；但对特定目标的盘查，也可以先控制约束，进行安全检查后再盘问。

2. 盘查车辆时，必须要求车辆停车熄火，驾乘人员下车接受检查。检查人员不得站立在车辆行进方向的行车道上拦截车辆，不得站在车辆前强行拦截，不得脚踏车辆踏板、将头或

---

① 参照本编第一章。

将手臂等伸进车辆驾驶室或者攀扒车辆。

3. 盘问检查后未发现问题的，应致歉放行。因盘查可能延误群众急事的应给予帮助，对盘查有误解的应给予解释，盘查中无意损坏的物品应当给予赔偿。

第三章　行政案件现场执法

一、传唤违法嫌疑人

（一）岗前准备

1. 警力配置：执行传唤违法嫌疑人任务，至少安排两名具有执法主体资格的民警和一名警务辅助人员参与。根据具体情况需要，可以适当增加警力配置。

2. 文书准备：传唤违法嫌疑人须经公安派出所、县级以上公安机关办案部门负责人（或者出入境边防检查机关负责人）批准，使用《传唤证》传唤。提前完成呈批手续，打印传唤证一式两份现场使用。

对当场发现的违法嫌疑人，经出示人民警察证，可以口头传唤，在《询问笔录》中注明违法嫌疑人到案经过、到案时间和离开时间。

3. 岗前提示：执行传唤前，主办民警应当将需要传唤的违法行为人涉嫌的简要案情、体貌特征、脾气性格、家庭成员、是否可能遇到阻力等情况向参与传唤任务的其他民警、辅警进行介绍并相互提醒，时刻保持高度警惕。

4. 装备检查：执行民警根据任务分工，对车辆状况是否良好，工作证件、法律文书是否携带，着装是否规范，携带武器、手铐等警械是否齐全，对讲机、执法记录仪以及其他电子设备是否满电、存储空间大小等项目逐一检查，发现问题予以排除后方可出发。

（二）进入现场

1. 分工负责：主办民警应当根据被传唤对象的具体情况对小组成员进行简单分工，责任到人。

2. 视频记录：进入现场前开启执法记录仪，记录民警传唤违法嫌疑人的完整过程。

3. 请求增援：进入现场后迅速判断现场态势，发现处置警力不足，遇到拒绝阻碍执法或者以暴力威胁方法妨害公务的情形，立即报告请求增援。

（三）实施传唤

1. 出示警察证，表明执法身份。询问该处所是否是被传唤人的住所或工作场所。确认无误后，进入该场所。

2. 开门人员否认被传唤人在此生活居住的，不要轻易退出。进一步核对相关处所和人员的信息，防止被蒙骗。

3. 违法行为人在该处所的，直接向其出示传唤证，宣布传唤决定，责令其在传唤证上签名捺印，一份交被传唤人，一份附卷。被传唤人拒绝签名捺印的，主办民警应当在传唤证上注明。

4. 无正当理由不接受传唤或者逃避传唤，违反治安管理法律法规规定，可以强制传唤的其他违法嫌疑人，经公安派出所、县级以上公安机关办案部门负责人（或者出入境边防检查机关负责人）批准，可以强制传唤。

强制传唤时，可以依法使用手铐、警绳等约束性警械。带离前进行必要的快速安全检查，排除安全隐患。

5. 被传唤人离开该处所暂时外出的，可以将传唤证交付其成年家属、所在单位的负责人员代收，主办民警在附卷联注明执行未找到、交某人代收等情况，代收人、见证人分别签名捺指印，办案民警签名确认。

6. 传唤过程中，遇到其亲友阻碍的，应当向相关人员讲明法律责任和利害关系。现有警力足以控制现场的，请示办案部门负责人批准，可以强制传唤。

在没有形成警力优势的情况下，不可贸然强制传唤。增援警力赶到后，对被传唤人强制传唤。可以将涉嫌阻碍执行职务的违法行为人一并传唤带离至公安机关。

（四）抢救伤员：传唤过程中遇有受伤或者身体不适的人，可能影响生命安全的，及时拨打120急救电话。

被传唤的违法行为人身体不适需要就医的，及时送医或拨打120急救电话，请医护人员救治。视情决定是否加带约束性警械，并陪同就医；对伤情较轻不需住院的带回继续审查；确有必要住院治疗的，可在医院进行先期调查。

（五）现场取证：通用。

（六）现场处结：将被传唤的违法行为人和阻碍执行职务的违法行为人带离现场，传唤至公安机关。

（七）后续办理：在法定时限内开展调查询问，制作询问笔录，由被传唤人在传唤证中填写到案和离开的时间并签名捺指印。

（八）注意事项

1. 传唤时应当将传唤的原因和依据告知被传唤人本人，及时将传唤的原因和处所通知被传唤人家属。

2. 禁止对被传唤人游街示众、变相游街，或者采取其他侮辱人格尊严的方式。

二、检查

本节所称的治安检查是在行政案件办理中为收集固定证据对与违法行为有关的场所、物品、人身的检查，不是对机关、团体、企业、事业单位或者公共场所进行的日常监督检查。

（一）岗前准备

1. 警力配置：同传唤违法嫌疑人。

2. 文书准备：治安检查须报县级以上公安机关负责人批准。提前完成呈批手续，开具《检查证》，并准备检查笔录文书，现场使用。

3. 岗前提示：同传唤违法嫌疑人。

4. 装备检查：同传唤违法嫌疑人。

（二）进入现场：同传唤违法嫌疑人。

（三）实施检查

1. 对违法行为人的人身检查：

（1）出示警察证，表明执法身份。向被检查人出示《检查证》，要求被检查人在《检查证》上签名捺印确认。被检查人拒绝签名的，应当在《检查证》上注明拒绝签名的情况。

（2）对因违法行为所导致的人体伤痕、作案时穿着有特征的衣物、附着相关痕迹或者生物检材的衣物、随身携带的赃证物品等进行拍照固定，并对与违法行为有关的物品予以证据保全。

（3）检查妇女的身体，应当由女性工作人员进行。对卖淫、嫖娼人员进行性病检查，由医生进行。

（4）对违法嫌疑人进行检查时，不得有损其人格尊严。

（5）当场制作检查笔录，对检查的过程结果如实记录。由检查人员，被检查人或者见证人签名；被检查人拒绝签名的，办案民警应当在《检查笔录》中注明。

2. 对场所、物品进行检查：

（1）出示警察证，表明执法身份。向场所负责人或其他在场工作人员出示《检查证》，要求被检查场所负责人或者见证人在《检查证》上签名捺印确认。被检查场所负责人拒绝签名的，应当将拒绝签名的情况在《检查证》上注明。

（2）检查场所过程中，应当有被检查人或者见证人在场。

（3）检查中发现的与治安案件有关的需要作为证据的物品，经公安机关负责人批准，可以依法扣押。

（4）当场制作检查笔录，对检查的过程结果如实记录。由检查人员、被检查人或者见证人签名；被检查人不在场或者拒绝签名的，办案民警应当在《检查笔录》中注明。

（5）检查场所或者物品时，应当注意避免对物品造成不必要的损坏。

（6）检查时的全程录音录像可以替代书面检查笔录，但应当对视听资料的关键内容和相应时间段等作文字说明。

（四）现场取证：通用。

（五）现场处结：通用。

（六）后续办理：通过检查获取证据，对案件依法作出处理。

（七）注意事项

1. 对确有必要立即进行检查的，办案民警经出示人民警察证，可以当场检查，并在《检查笔录》中注明；检查公民住所的，必须有证据表明或者有群众报警公民住所内正在发生危害公共安全、公民人身安全的案（事）件或者违法存放危险物质，不立即检查可能会对公共安全或者公民人身、财产安全造成重大危害。

2. 违法嫌疑人的居住场所与其在市场监督管理部门注册登记的经营场所合一的，在经营时间内对其检查时，按照检查经营场所办理审批手续；在非经营时间内对其检查时，按照检查公民住所办理审批手续。

3. 为调查恐怖活动嫌疑，对违法行为人人身进行检查，可以提取或者采集嫌疑人员的肖像、指纹、虹膜图像等人体生物识别信息和血液、尿液、脱落细胞等生物样本，并留存其签名。

4. 2019 年 1 月 1 日实施的《公安机关办理行政案件程序规定》第四十五条第三款规定，使用执法记录仪等设备对询问过程录音录像的，可以替代书面询问笔录，必要时，对视听资料的关键内容和相应时间段等作文字说明。注明制作人、提取人、提取时间等有关信息，并将其复制为光盘后附卷。

三、行政强制措施

（一）办理行政案件时，可以依法采取下列行政强制措施

1. 对物品、设施、场所采取扣押、扣留、临时查封、查封、先行登记保存、抽样取证等强制措施。

2. 对违法嫌疑人采取保护性约束措施、继续盘问、强制传唤、强制检测、拘留审查、限制活动范围等强制措施。

（二）实施行政强制措施应当遵守下列规定

1. 实施前须依法向公安机关负责人报告并经批准。

2. 通知当事人到场，当场告知当事人采取行政强制措施的理由、依据以及当事人依法享有的权利、救济途径。当事人不到场的，邀请见证人到场，并在《现场笔录》中注明。

3. 听取当事人的陈述和申辩。

4. 制作《现场笔录》，由当事人和办案民警签名或者盖章，当事人拒绝的，在笔录中注明。当事人不在场的，由见证人和办案民警在笔录上签名或者盖章。法律法规规定实施特定行政强制措施制作其他笔录的，不再制作《现场笔录》。

5. 实施限制公民人身自由的行政强制措施的，应当当场告知当事人家属实施强制措施的公安机关、理由、地点和期限；无法当场告知的，在实施强制措施后立即通过电话、短信、传真等方式通知；身份不明、拒不提供家属联系方式或者因自然灾害等不可抗力导致无法通知的，可以不予通知。告

知、通知家属情况或者无法通知家属的原因应当在《询问笔录》中注明。

（三）紧急实施行政强制措施

1. 因情况紧急当场实施行政强制措施的，办案民警应当在二十四小时内依法向其所属的公安机关负责人报告，补办批准手续。

2. 当场实施限制公民人身自由的行政强制措施的，办案民警应当在返回单位后立即报告，并补办批准手续。

3. 公安机关负责人认为不应当采取行政强制措施的，应当立即解除。

（四）对相关违法嫌疑人采取的行政强制措施

1. 盘问检查：参照本编第一章。

2. 安全检查：参照本编第一章。

对查获或者到案的违法嫌疑人应当进行安全检查，发现违禁品或者管制器具、武器、易燃易爆等危险品以及与案件有关的需要作为证据的物品，应当立即扣押；对违法嫌疑人随身携带的与案件无关的物品，应当按照有关规定予以登记、保管、退还。安全检查不需要开具《检查证》。

3. 保护性约束措施：（1）违法嫌疑人在醉酒状态中，对本人有危险或者对他人的人身、财产或者公共安全有威胁的，可以对其采取保护性措施约束至酒醒，也可以通知其家属、亲友或者所属单位将其领回看管，必要时送医院醒酒。对行为举止失控的醉酒人，可以使用约束带或者警绳等进行约束，不得使用手铐、脚镣等警械。约束过程中，应当指定专人严加看护。确认醉酒人酒醒后，立即解除约束，进行询问。约束时间不计算在询问查证时间内；（2）对危害公共安全或者他人和本人的人身安全的精神病人，可以采取保护性约束措施。需要送往医疗机构进行精神障碍诊断的，须报请县级以上公安机关批准，并及时通知其监护人。

4. 约束措施：公安机关调查恐怖活动嫌疑，经县级以上公安机关负责人批准，可以根据其危险程度，责令恐怖活动嫌疑人员遵守下列一项或者多项约束措施：（1）未经公安机关批准不得离开所居住的市、县或者指定的处所；（2）不得参加大型群众性活动或者从事特定的活动；（3）未经公安机关批准不得乘坐公共交通工具或者进入特定的场所；（4）不得与特定的人员会见或者通信；（5）定期向公安机关报告活动情况；（6）将护照等出入境证件、身份证件、驾驶证件交由公安机关保存。

公安机关可以采取电子监控、不定期检查等方式对恐怖活动嫌疑人员遵守约束措施的情况进行监督。采取约束措施的期限不得超过 3 个月。对不需要继续采取约束措施的，应当及时解除。

（五）对相关物证采取的保全强制措施

证据保全措施主要有：扣押、扣留、查封、抽样取证、先行登记保存。民警应当严格把握相关措施的适用范围，依法实施证据保全。

1. 扣押、扣留的适用范围：

（1）对下列物品，可以依法扣押或者扣留：

①与治安案件、违反出境入境管理的案件有关的需要作为证据的物品；

②道路交通安全法律、法规规定适用扣留的车辆、机动车驾驶证；

③其他法律、法规规定适用扣押或者扣留的物品。

（2）对下列物品，不得扣押或者扣留：

①与案件无关的物品；

②公民个人及其所扶养家属的生活必需品；

③被侵害人或者善意第三人合法占有的财产。

具有第②项、第③项情形，应当予以登记，写明登记财物的名称、规格、数量、特征，由占有人签名或者捺指印，并进行拍照。与案件有关且需要鉴定的，可以依法扣押，结束后立即解除。

2. 查封和临时查封的适用范围：

（1）办理下列行政案件时，对专门用于从事无证经营活动的场所、设施、物品，经公安机关负责人批准，可以依法查封：

①擅自经营按照国家规定需要由公安机关许可的行业的；

②依照《娱乐场所管理条例》可以由公安机关采取取缔措施的；

③法律、法规规定适用查封的其他公安行政案件。

（2）对与违法行为无关的场所、设施，公民个人及其扶养家属的生活必需品不得查封。场所、设施、物品已被其他国家机关依法查封的，不得重复查封。

（3）对有关单位或者个人经通知不及时消除消防安全隐患，可能严重威胁公共安全的，应当联系应急管理部门依照规定对危险部位或者场所采取临时查封措施。

（4）调查恐怖活动嫌疑，经县级以上公安机关负责人批准，可以采取查封措施。

3. 查询、冻结的适用范围：调查恐怖活动嫌疑，经县级以上公安机关负责人批准，可以查询嫌疑人员的存款、汇款、债券、股票、基金份额等财产，可以采取冻结措施。

4. 抽样取证的适用范围：抽样取证是办案人员根据案情需要，为了提请有关部门给予检验、鉴定以取得检验（鉴定）报告证据，或者提取物证，依据科学的方法，抽取具有一定代表性的一定量的物品作为证据的保全措施。通常适用于需要鉴定的与案件有关的大宗货物，如煤炭、水泥、某批次的食品等。

5. 先行登记保存的适用范围：可能灭失或者以后难以取得的证据，如作为物证的食品以及煤炭、水泥等原材料。

6. 证据保全的执行：

（1）岗前准备：

①警力配置：同传唤违法嫌疑人。

②文书准备：抽样取证、先行登记保存须经办案部门负责人批准；扣押、扣留、查封须经公安机关负责人批准；调查恐怖活动嫌疑采取扣押措施，查询和冻结措施，须经县级以上公安机关负责人批准；提前完成呈批手续，开具《证据保全决定书》，准备清单文书，现场使用。

③岗前提示：同传唤违法嫌疑人。

④装备检查：同传唤违法嫌疑人。

（2）进入现场：同传唤违法嫌疑人。

（3）实施证据保全：

①出示警察证，表明执法身份。出示《证据保全决定书》，要求证据持有人在《证据保全决定书》上签名捺印确认。证据持有人拒绝签名的，应当将拒绝签名的情况在《证据保全决定书》上注明。

②实施扣押、扣留、查封、抽样取证、先行登记保存等证据保全措施时，应当会同当事人查点清楚。对现金、文物、金银、珠宝、名贵字画等贵重财物采取证据保全措施的，应当拍照或者录像。

③制作并当场交付《证据保全决定书》和《证据保全清单》。《证据保全决定书》应当载明下列事项：a. 当事人的姓名或者名称、地址；b. 抽样取证、先行登记保存、扣押、扣留、查封的理由、依据和期限；c. 申请行政复议或者提起行政诉讼的途径和期限；d. 作出决定的公安机关的名称、印章和日期。

《证据保全清单》应当载明被采取证据保全措施的场所、设施、物品的名称、规格、数量、特征等，由办案民警和当事人签名后，一份交当事人，一份附卷。有见证人的，还应当由见证人签名。当事人或者见证人拒绝签名的，办案民警应当在《证据保全清单》上注明。

（4）现场取证：通用。

（5）现场处结：通用。

（6）后续办理：通过证据保全获取证据，对案件依法作出处理。

（7）注意事项：

①对作为证据使用的视音频储存介质、电子数据存储介质，在扣押时应当予以检查，记明案由、内容以及录取和复制的时间、地点等，妥为保管。

收集电子数据，能够扣押电子数据原始存储介质的，应当扣押。无法扣押原始存储介质的，可以提取电子数据。提取电子数据，应当制作笔录，并附电子数据清单，由办案人民警察、电子数据持有人签名。持有人无法或者拒绝签名的，应当在笔录中注明。

②扣押、扣留、查封的期限为 30 日，情况复杂的，经县级公安机关负责人批准，可以延长 30 日；先行登记保存的期限为 7 日。其间，证据持有人及其他人员不得损毁或者转移证据。

③抽样取证应当采取随机的方式，抽取样品的数量以能够认定本品的品质特征为限；应当对抽样取证的现场、被抽样物品及被抽取的样品进行拍照或者对抽样过程进行录像；对抽取的样品应当及时进行检验。经检验，能够作为证据使用的，应当依法扣押、先行登记保存或者登记；不属于证据的，应当及时返还样品。样品有减损的，应当予以补偿。

四、赌博、卖淫、毒品类案件查处

（一）赌博案件

1. 岗前准备：根据举报人反映的情况或者民警摸排的线

索情况，画出现场图，安排足够警力实施查处。查处前应当召开碰头会，明确各组的职责、任务、进入方式和注意事项，明确一名现场指挥，对现场突发事件应急指挥。

2. 接警途中：有举报人的，与举报人电话联系，问明赌博现场的具体位置、参与赌博人数、赌博的方式和涉及数额以及现场周围是否有人望风放哨等情况，不盲目、仓促查处，争取举报人的理解和配合。

3. 进入现场：必要时可以安排民警着便衣先行进入。

4. 视频记录：通用。

5. 现场处置：

（1）设置有暗哨望风人员的，应当提前控制，防止通风、报信。

（2）最先进入现场的民警表明警察身份，命令现场所有违法人员保持原状，不得随意走动。

（3）参与行动的各组民警迅速就位，禁止无关人员出入，防止通风、报信、跳楼、逃跑、串供、毁灭证据等，有逃跑迹象的先予控制。

6. 现场取证：

（1）对参赌人员的所处位置、赌具、赌资等情况逐一拍照固定，并使用执法记录仪记录。使用电子赌博机赌博的，对电子赌博机的得分情况予以拍照固定。检查过程制作检查笔录。现场情况复杂，当场制作检查笔录不便的，可以事后对照片和录像补充完成。

（2）对现场控制的违法嫌疑人身体和其携带物品进行快

速安全检查，排除隐患。

（3）当面清点扣押参赌人员的随身财物，每名参赌人员的物品、现金连同清单放入同一物证袋，一人一袋便于区分，当面封存并进行标记，清点过程同步录像。

7. 现场处结：对完成安全检查和财物清点的参赌人员传唤带离。拒不配合的，予以强制传唤。参赌人员带离后对现场的赌具录像拍照固定证据后予以保全。

8. 后续办理：对传唤至公安机关的参赌人员在审查后，根据事实和证据依法进行处罚。

9. 注意事项：

（1）必要时可以先行指派民警便衣侦查，收集掌握现场出入口、房间位置等情况，以确保行动顺利进行。

（2）进入现场后，注意控制、清点所有在场人员，尤其要控制窗户、阳台等部位，防止嫌疑人意图逃跑发生意外。

（3）对现场查获的赌资、赌具及时固定证据，依法处理。对参赌人员手机进行电子勘验，特别是对微信、支付宝等支付工具以及转账记录信息要及时固定。

（4）赌博现场一般参与人数较多，容易发生隐藏赌资或者赌资混杂导致事实不清的情况。控制现场，逐一清点至关重要。

（5）参赌人员鱼龙混杂，携带毒品、管制器具、枪支等违禁品时有发生，当场进行人身安全检查是保护民警安全的重要措施，查获的毒品、管制器具、枪支等违禁品应当及时固定证据，就相关违法行为一并审查，依法处罚。现场注意检查发现提取账册、记录、投注单等。

（6）为赌博提供便利条件的违法人员，一并带离依法处理。其中领取一般固定工资、没有参与高额提成的务工人员不作为开设赌场的共犯追究刑事责任。

（二）卖淫嫖娼案件

1. 岗前准备：同赌博案件。

2. 接警途中：同赌博案件。

3. 进入现场：必要时可以安排民警着便衣先行进入。

4. 视频记录：通用。

5. 现场处置：同赌博案件。

6. 现场取证：

（1）对卖淫嫖娼现场人员所处位置、衣着、避孕套、卫生纸、毛发、性药、账本等情况予以拍照固定，同时使用执法记录仪记录。检查过程制作检查笔录。现场情况复杂，当场制作不便的，可以事后对照片和录像补充完成。

（2）对现场控制的违法嫌疑人逐一快速安全检查，当面清点卖淫嫖娼人员的随身财物，各人的物品、现金连同清单放入同一物证袋，一人一袋便于区分，当面封存并进行标记。清点过程同步录像。

（3）对通过微信、陌陌等方式招嫖的应当对相关人员手机内的电子证据进行固定。对查获的涉黄人员的手机进行电子勘验，注意发现通过微信、陌陌等 APP 招嫖的证据和支付、收取嫖资的证据。

7. 现场处结：对完成安全检查和财物清点的参赌人员传

唤带离。拒不配合的，予以强制传唤。违法嫌疑人员带离后对现场的避孕套、卫生纸录像拍照固定证据后予以保全。

8. 后续办理：对传唤至公安机关的卖淫嫖娼人员以及介绍容留卖淫人员在审查后，根据事实和证据依法进行处罚。

9. 注意事项：

（1）必要时可以先行指派民警便衣侦查，收集掌握现场出入口、房间位置等情况，以确保行动顺利进行。

（2）进入现场后，注意控制、清点所有在场人员，尤其要控制窗户、阳台等部位，防止嫌疑人意图逃跑发生意外。

（3）注意保护嫌疑人隐私，制作现场笔录和现场照片时对嫌疑人隐私部位要进行处理。

（4）对女性嫌疑人进行检查，须由女性工作人员进行。

（5）对卖淫嫖娼嫌疑人进行询问时，要注意审查发现介绍容留人员，介绍容留行为是否构成犯罪，是否存在组织卖淫、强迫卖淫、故意传播性病等关联犯罪。

（6）卖淫嫖娼人员身份混杂，携带毒品、管制器具、枪支等违禁品时有发生，当场进行人身安全检查是保护民警安全的重要措施，查获的毒品、管制器具、枪支等违禁品应当及时固定证据，就相关违法行为一并审查，依法处罚。

（7）相关色情场所的务工人员，一并带离依法处理。其中领取一般固定工资、没有参与高额提成的务工人员不作为介绍容留卖淫犯罪的共犯追究刑事责任。

（三）吸毒、容留吸毒案件

1. 岗前准备：除携带单警装备中的常用警械外，必要时可以携带武器。根据举报人反映的情况或者民警摸排的线索情况，安排足够警力实施查处。对于聚众吸食毒品或者举报规模较大的娱乐场所有吸毒行为的，应当画出现场图，召开碰头会，明确各组的职责、任务、进入方式和注意事项，明确一名现场指挥，对现场突发事件应急指挥。

2. 接警途中：同赌博案件。

3. 进入现场：必要时可以安排民警着便衣先行进入。

4. 视频记录：通用。

5. 现场处置：同赌博案件。

6. 现场取证：

（1）对吸毒现场人员所处位置、衣着、尚未吸食的毒品、残留物、吸食毒品的器具等情况予以拍照固定，并使用执法记录仪进行记录。检查过程制作检查笔录。现场情况复杂，当场制作不便的，可以事后根据照片和录像补充完成。

（2）对现场控制的违法嫌疑人员逐一快速安全检查，并当面清点现场违法嫌疑人员的随身财物，各人的物品、现金连同清单放入同一物证袋，一人一袋分别保存，当面封存并进行标记。清点过程同步录像。检查过程制作检查笔录。现场具备尿检条件的，进行现场检验。

（3）现场发现的毒品应当使用电子秤当场称量并拍照。

7. 现场处结：对完成安全检查和财物清点的参赌人员传唤带离。拒不配合的，予以强制传唤，二人押解一人至警车。全部人员带离后，对吸毒现场的尚未吸食的毒品、残留物、吸食毒品的器具固定证据后予以证据保全。

8. 后续办理：对传唤至公安机关的吸毒嫌疑人员以及容留吸毒人员在审查后，根据事实和证据依法进行处罚。

9. 注意事项：

（1）进入现场后，注意控制、清点所有在场人员，尤其要控制窗户、阳台等部位，防止嫌疑人意图逃跑发生意外。

（2）对毒品注射、吸食工具进行检查时，务必注意自身安全，防止被注射器具刺伤。

（3）涉毒人员携带毒品、管制器具、枪支等违禁品时有发生，当场进行人身安全检查是保护民警安全的重要措施，查获的毒品、管制器具、枪支等违禁品应当及时固定证据，就相关违法行为一并审查，依法处罚。

（4）对吸毒人员的现场检测尿检结果，拍照附卷，尿液样本留有备份妥善保管，违法嫌疑人对尿检结果有异议的，应当重新鉴定。

（5）对抓获的吸毒人员手机进行电子勘验，注意发现、固定毒品交易的联络信息和支付、收取毒资的电子证据。

（6）对吸毒人员的审查，应当注意调查毒品的来源、吸食的次数、每次吸食的地点和一同吸食的人员，注意发现提供毒品和容留吸毒的违法行为，构成犯罪的，依法追究刑事责任。

第四章　场所检查执法

一、旅馆场所日常检查

（一）岗前准备

1. 警力配置：执行旅馆场所检查任务，至少安排两名具有执法主体资格的民警和一名警务辅助人员参与。三人中至少一名为女性。检查规模较大的旅馆场所时，可以适当增加警力配置。

2. 文书准备：公安民警对旅馆进行日常检查时，应当携带《检查笔录》《当场处罚决定书》等文书。

3. 岗前提示：对相关旅馆场所进行检查前，应当向参与检查的民警、辅警讲明检查的重点和注意事项，提醒在对旅客检查时保持高度警惕。

4. 装备检查：实施旅馆检查的民警，应对车辆状况是否良好，工作证件、法律文书是否携带，着装是否规范，对相机、执法记录仪等电子设备是否可以正常使用等项目逐一检查，发现问题予以排除后方可出发。

（二）进入现场

1. 分工负责：主办民警应当根据现有警力和被检查场所

的规模、情况对检查小组成员进行分工，责任到人。

2. 视频记录：进入场所前开启执法记录仪，记录民警检查旅馆场所的完整过程。

3. 请求增援：检查过程中遇到阻碍执法或者以暴力威胁方法妨害公务的情形，以及检查发现有违法犯罪嫌疑，且现有警力不足以控制的，立即报告请求增援。

（三）实施检查

1. 对旅馆经营状况检查：

（1）出示警察证、表明执法身份，告知被检查单位此次检查的目的，由被检查单位人员见证下，实施检查。

（2）公安民警对旅馆进行检查，应当检查下列内容：

①旅馆是否取得《特种行业许可证》。

②旅馆按照经营规模，是否设置相应的治安保卫机构，是否配备专职、兼职治安保卫人员。

③旅馆是否依法履行消防安全职责，建立消防安全制度，实行消防安全责任制，确保消防设施、器材完好有效，保障疏散通道、安全出口畅通。

④旅馆接待住宿登记时，是否按照“实名登记、实数录入、实时传输”的要求登记上传。未携带身份证的客人是否使用了人脸识别智能系统登记上传。

⑤旅馆是否建立来访人员管理制度，未征得住宿人员同意，来访人员不得进入客房。进入客房者是否进行了登记。

⑥旅馆是否设置了住宿人员财物保管箱、柜或者保管室、保险柜，是否制定了专项保管制度。

⑦旅馆是否在前台、出入口、主要通道、电梯轿厢、停车场等公共区域，安装了符合法律法规和标准规范要求的视频监控设备，并确保在营业期间正常运行。视频监控资料保存期限不得少于30日，不得删改或者挪作他用。

2. 对旅馆住宿旅客检查：

（1）在被检查旅馆的工作人员见证下，对照旅客住宿登记，对住宿旅客进行检查。

（2）向住宿旅客出示警察证、表明执法身份，告知旅客是例行检查，请配合。

（3）请旅客出示相关证件，对照证件检查是否如实登记。对如实登记配合查验的人员表示感谢；对未如实登记住宿旅客，盘问其未如实登记的原因。对使用他人身份证登记住宿的，依法对其口头传唤。对查验中神色慌张，或者携带的物品可能是违反治安管理或犯罪的赃物的，可以对其进行盘问、对人身和随身携带物品进行检查。对旅客的盘问检查，参照本编第一章的内容。

（4）盘问检查发现住宿旅客有违法犯罪嫌疑的，带至公安机关继续盘问；盘问检查未发现住宿旅客有违法犯罪嫌疑的，应当向旅客的配合表示感谢，对打搅其休息致歉。

（四）现场取证：通用。

（五）现场处结

1. 经检查发现存在不按规定登记的情况的，展开取证工作，包括询问未按规定登记的旅客及相关证人，询问违法嫌疑人制作《检查笔录》，对违法现场情况及当事人身份有关信息，拍照固定旅馆管理系统页面等；

2. 口头告知违法行为人拟作出行政处罚决定的事实、理由和依据，并告知违法行为人依法享有的陈述权和申辩权；

3. 充分听取违法行为人的陈述和申辩，违法行为人提出的事实、理由或者证据成立的，应当采纳；

4. 填写《当场处罚决定书》一式两份，由经办的民警签名或盖章，一份当场交付被处罚人，一份由被处罚人签名后备案；

5. 当场收缴罚款的，同时填写罚款收据，交付被处罚人；未当场收缴罚款的，应当告知被处罚人在规定期限内到指定的银行缴纳罚款。

（六）后续办理

1. 民警在作出处罚决定后的24小时内，将《当场处罚决定书》报所属公安机关备案，对现场取证情况予以登记，对证据妥善保存；

2. 对于未取得《特种行业许可证》而经营的旅馆经营者，调查取证后，依据《中华人民共和国治安管理处罚法》第五十四条的规定，对经营者进行处罚，并予以取缔。

3. 住宿经营者对身份不明、拒绝身份查验的客户提供服务，主管部门应当责令整改，拒不改正的，按照《中华人民共和国反恐怖主义法》第八十六条第二款规定，对经营者处十万元以上五十万元以下罚款，并对其直接负责的主管人员和其他直接责任人员处十万元以下罚款。

（七）注意问题

1. 2019年1月1日实施的《公安机关办理行政案件程序

规定》第四十五条规定，使用执法记录仪等设备对询问过程录音录像的，可以替代书面询问笔录，必要时，对视听资料的关键内容和相应时间段等作文字说明。注明制作人、提取人、提取时间等有关信息，并将其复制为光盘后附卷。

2. 对客房检查时，不得少于 2 人。检查女性住宿人员时，有女性工作人员在场更便于工作。

3. 特种行业包括：旅馆业、印章刻制业、拍卖业、典当业、印刷业、复印业、废旧金属收购业、开锁业、报废汽车拆解业、旧货业、机动车修理业等。

娱乐场所是指以营利为目的，并向公众开放、消费者自娱自乐的歌舞、游艺等场所，包括：KTV，歌舞厅，电子游戏厅等。

沐浴业包括：洗浴、足浴、温泉、SPA 等。

对于上述特种行业场所、娱乐场所、沐浴场所的检查参照旅馆场所日常管理检查，警力根据任务需求适当调整。

附：

××市公安局××分局检查笔录

时间 2017 年 10 月 14 日 10 时 05 分至 2017 年 10 月 14 日 10 时 25 分

地点　××区××路××号

检查人姓名及工作单位　林×、王×　××派出所

检查对象　××商务宾馆

当事人基本情况（姓名、性别、身份证件种类及号码）　朱×，女，45 岁，身份证号码：3704219720909××××

见证人基本情况（姓名、性别、身份证件种类及号码）　王×，男，身份证号码 37040219820805××××；刘×，男，身份证号码 37040219790106××××

事由和目的　检查××商务宾馆有无违法行为

过程和结果　2017 年 10 月 14 日，××派出所民警林×、王×对辖区内××商务宾馆进行日常检查。检查前，民警林×打开随身携带的现场执法视音频设备，对现场检查情况录音录像。民警林×、王×向该宾馆工作人员朱×出示警察证，表明警察身份。经过检查，民警发现有两名旅客在宾馆内住宿。王×入住宾馆 203 房间，刘×入住宾馆 221 房间。朱×未登记王×、刘×的姓名和身份证件号码。经询问王×证实，2017 年 10 月 13 日 11 时许，朱×在未登记旅客王×身份信息的情况下，安排王×入住××商务宾馆 203 房间。经询问刘×证实，2017 年 10 月 13 日 16 时许，在未登记旅客刘×身份信息的情况下，安排刘×入住××商务宾馆 221 房间。后王×、刘×在该宾馆内住宿至被公安机关发现，朱×对上述事实无异议。

检查人：林×、王×　　2017 年 10 月 14 日

当事人或者见证人：　朱×　　2017 年 10 月 14 日

王×、刘×　　2017 年 10 月 14 日

××市公安局××分局当场处罚决定书

编号：×××××

违法行为人姓名（单位名称）朱×

性别女 年龄45 出生日期 1972年9月9日

身份证件种类及号码 3704219720909××××

法定代表人 赵××，男，47岁，身份证号码：3704219701026××××

现住址或者单位地址 ××区×××路

现查明 2017年10月13日11时许，朱×在未登记住宿旅客王×身份信息的情况下，安排王×入住××商务宾馆203房间；2017年10月13日16时许，在未登记住宿旅客刘×身份信息的情况下，安排刘×入住××商务宾馆221房间；2017年10月14日10时许被公安机关查获。以上事实有朱×的陈述，王×、刘×的证言，书证等证据证实。

根据《中华人民共和国治安管理处罚法》第五十六条第一款之规定，决定给予朱×罚款二百元的处罚。

执行方式：☐当场训诫 ☑当场收缴罚款 ☐被处罚人持本决定书在十五日内到××银行缴纳罚款。逾期不缴纳的，每日按罚款数额的百分之三加处罚款，加处罚款的数额不超过罚款本数。

如不服本决定，可以在收到本决定书之日起六十日内向××市公安局或者××市××区人民政府申请行政复议或者在六个月内依法向××区人民法院提起行政诉讼。

处罚地点 ××商务宾馆

办案人民警察 林×、王×

☐附：收缴物品清单

××市公安局××分局××派出所

2017年10月14日

处罚前已口头告知违法行为人拟作出处罚的事实、理由和依据，并告知违法行为人依法享有陈述权和申辩权。

被处罚人________________________________

年　月　日

一式两份，一份交被处罚人，一份交所属公安机关备案。治安案件有被侵害人的，复印送达被侵害人。

二、互联网上网服务营业场所日常检查

（一）岗前准备

1. 警力配置：同旅馆场所。

2. 文书准备：公安民警对互联网上网服务营业场所进行日常检查时，应当携带《互联网上网服务营业场所安全检查表》《检查笔录》《当场处罚决定书》等文书。

3. 岗前提示：同旅馆场所。

4. 装备检查：同旅馆场所。

（二）进入现场：同旅馆场所。

（三）实施检查

1. 对互联网上网服务营业场所状况检查：

（1）出示警察证、表明执法身份，告知被检查单位此次检查的目的，由被检查单位人员陪同，实施检查。

（2）公安民警对互联网上网服务营业场所进行检查，应当按照以下工作流程和标准进行：

①实名制检查，与控烟检查同步进行。

上网消费者抽查。在网吧可以使用二代身份证、指纹和手

机短信验证三种方式上网。检查人员从吧台收银系统中，随机抽取上网消费者信息（包括姓名、身份证号、座位号），对照网吧实际上网消费者进行实名制检查。网吧工作人员上网也须登记本人身份证，除工作需要外，禁止使用管理员账号（Admin）上网。

②安全技术措施检查。检查实名制验证软件运行是否正常，座号、机器号是否和内网 IP 一致。

③视频监控检查。一是检查视频监控系统的时间，应保持与北京时间一致。二是检查网吧自行安装的视频监控系统的摄像镜头，检查其是否保持清洁、对焦准确、镜头指向正确、视频内容清晰，视频记录应保持一个月以上，所有记录必须能正常回放。

④消防检查。一是检查严格落实控烟工作措施情况；二是检查消防通道保持畅通情况；三是检查消防器材配置达标情况，是否保持在有效期内；四是检查场内无烟蒂、易燃易爆等危险物品。

⑤治安检查。网吧内应保持良好的治安状况及环境。

2. 对互联网上网服务营业场所上网消费者检查：

（1）在被检查网吧工作人员见证下，对照上网登记情况，对上网消费者进行检查。

（2）向上网消费者出示警察证、表明执法身份，告知上网消费者是例行检查，请予以配合。请上网消费者出示身份证件，对证件进行查验或核对指纹验证、手机短信验证，对照上网登记情况，核查实名上网情况。

（3）对实名上网，配合查验的人员表示感谢；对未实名上网的人员，询问未实名的原因。区分是网吧提供的公卡，还是上网消费者自己使用他人身份证登记上网。对冒用他人名义使用身份证的，依法口头传唤。同时通知网吧工作人员到公安机关接受调查。

（4）发现上网消费者利用上网服务营业场所制作、下载、复制、查阅、发布、传播或以其他方式使用含有违法内容信息的，应对其电脑页面进行拍照、录像、截图进行固定，当即对违法行为人使用的电脑和插接的存储设备进行电子勘验，固定其制作、下载、复制、查阅、发布、传播、其他方式使用含有违法内容信息的数量和内容。依法对违法行为人口头传唤。

3. 当场制作检查情况记录：

检查结束，必须在《互联网上网服务营业场所现场安全检查表》填写检查情况，包括：

（1）如实填写检查时间、检查人员情况。

（2）将当班网管姓名、身份证号填写在检查表上。

（3）将实名制登记、视频、消防、治安等检查情况填写在检查表上，如有问题要填写整改意见，要求网吧负责人及时改正，并在下次检查中进行复查。

（四）现场取证：通用。

（五）现场处结

1. 在互联网上网服务营业场所检查中，发现该场所存在轻微违法行为，符合当场处罚条件的，制作《检查笔录》固定相关证据，依法予以当场处罚；对依法不予行政处罚的，可以口头责令改正。

2. 对违反《中华人民共和国治安管理处罚法》《中华人民

共和国居民身份证法》《互联网上网服务营业场所管理条例》等相关法律法规以及涉嫌犯罪的上网消费者依法进行传唤，通知网吧经营者、管理者等相关证人到公安机关接受调查。

（六）后续办理

1. 未落实实名制登记的处罚：

（1）上网消费者冒用他人身份证开卡上网。可依据《中华人民共和国居民身份证法》对上网消费者处罚款或拘留，对网吧依据《互联网上网服务营业场所管理条例》处警告，可以并处罚款。

（2）网吧工作人员帮助上网消费者冒用他人身份证开卡上网。可依据《中华人民共和国居民身份证法》对上网消费者、网吧工作人员处罚款或拘留，对网吧依据《互联网上网服务营业场所管理条例》处警告，可以并处罚款。

2. 服务器存在淫秽色情及其他违反法律规定的视频文件的，依照《中华人民共和国治安管理处罚法》等相关法律进行处罚。

3. 上网日志保存期限不满 60 天的，依照《互联网上网服务营业场所管理条例》对网吧进行处罚。

4. 网吧 IP 地址变更未通知公安机关的，依照《互联网上网服务营业场所管理条例》对网吧进行处罚。

5. 未建立场内巡查制度，发现上网消费者违法行为未制止举报的，依照《互联网上网服务营业场所管理条例》对网吧进行处罚。

6. 上网消费者利用上网服务营业场所制作、下载、复制、查阅、发布、传播、其他方式使用含有违法内容信息（使用违法信息），触犯刑律的，依法追究刑事责任；尚不够刑事处罚的，依照治安管理处罚法的规定给予处罚。

（七）注意问题

1. 违法嫌疑单位为该互联网上网服务营业场所，不是网吧经营者和管理者。在受案登记表、告知笔录、行政处理审批表、处罚决定书等相关法律文书中，违法主体、处罚对象、告知对象均是“网吧”，由网吧法定代表人或负责人签名确认，必要时可以盖公章。

2. 对网吧经营者、管理人员以及相关证人，可以通知到公安机关接受调查。

3. 未按规定核对、登记上网消费者的有效身份证件或者记录有关上网信息的处罚标准：

（1）轻微：未按规定核对、登记上网消费者的有效身份证件3人次以下（不含3人），且初次违法的，给予警告。

（2）一般：未按规定核对、登记上网消费者的有效身份证件超过3人（含3人）次、10人次以下，给予警告，并处3000元罚款。

（3）较重：未按规定核对、登记上网消费者的有效身份证件超过10人次、20人次以下，给予警告，并处6000元罚款。

（4）严重：未按规定核对、登记上网消费者的有效身份证件超过20人次的，给予警告，并处9000元罚款。

（5）特别严重：一年内3次违反本项规定，或者造成严重后果以及具有其他严重情节的，责令停业整顿。

4. 未建立场内巡查制度，发现上网者违法行为未制止举报的处罚标准：

（1）轻微：建立场内巡查制度，但未落实的，给予警告。

（2）一般：未建立场内巡查制度的，给予警告，并处1000元罚款。

（3）较重：多次（3次以上）发现上网消费者的违法行为未予制止的，给予警告，并处2000元罚款。

（4）严重：发现上网消费者的严重违法行为未向公安机关举报的，给予警告，并处5000元罚款。

（5）特别严重：未建立场内巡查制度，造成严重后果以及具有其他严重情节的，责令停业整顿。

5. 利用上网服务营业场所制作、下载、复制、查阅、发布、传播、使用违法信息的处罚标准：

（1）轻微：情节轻微，及时改正，违法经营额不足1000元的，给予警告，没收违法所得。

（2）一般：违法经营额不足5000元的，给予警告，没收违法所得，并处10000元的罚款。

（3）较重：违法经营额不足5000元到10000元的，给予警告，没收违法所得，并处20000元的罚款。

（4）严重：违法经营额10000元以上的，给予警告，没收违法所得，并处违法经营额3倍的罚款。

（5）特别严重：再次违法或者造成严重后果以及具有其他严重情节的，责令停业整顿，没收违法所得。

附：

××市公安局××分局检查笔录

时间2017年11月1日10时05分至2017年11月1日10时30分

地点　××区××路××号

检查人姓名及工作单位刘×、王×　××派出所

检查对象××网吧

当事人基本情况（姓名、性别、身份证件种类及号码）——

见证人基本情况（姓名、性别、身份证件种类及号码）——

事由和目的　调查××网吧是否有未按规定核对、登记上网消费者身份证件信息的行为

过程和结果　2017年11月1日，××派出所民警刘×、王×对××网吧进行日常检查。检查前，民警王×打开随身携带的现场执法视音频设备，对现场检查情况录音录像。该网吧有上网消费者100人，其中有服务器3台，终端140台，使用的软件为×软件。经过检查、询问王×、赵×证实，在012号电脑上网的王×未携带身份证，网吧管理员李×未对王×的身份进行查验，其用的是李×提供的号码为37040219990120××××的身份证上网；在090号电脑上网的赵×未携带身份证，网吧管理员李×未对赵×的身份进行查验，其用的是李×提供的号码为37040219830103××××的身份证上网。检查过程中未损坏任何物品。拍摄现场照片五张，在场人员配合检查工作。王×、赵×、李×对上述事实无异议。

检查人：刘×、王×　　2017年11月1日

当事人或者见证人：李×　　2017年11月1日

王×、赵×　　2017年11月1日

互联网上网服务营业场所现场安全检查表

<table>
<tr><td>场所名称</td><td>××网吧</td><td>实际经营人</td><td>李×</td></tr>
<tr><td>详细地址</td><td>×区×路×号</td><td>联系电话</td><td>138××××1600</td></tr>
<tr><td>现场管理员</td><td>李×</td><td>联系电话</td><td>138××××1600</td></tr>
<tr><td colspan="2">检查内容</td><td colspan="2">检查情况</td></tr>
<tr><td rowspan="3">基本情况</td><td>使用网络及IP</td><td colspan="2">正常</td></tr>
<tr><td>服务器及终端数量</td><td colspan="2">正常</td></tr>
<tr><td>内网IP与机器编号对应情况</td><td colspan="2">正常</td></tr>
<tr><td rowspan="3">安全技术措施落实情况</td><td>实名管理软件是否正常运行，日志是否保存60天，文件大小是否正常</td><td colspan="2">正常</td></tr>
<tr><td>安全技术措施运行是否正常</td><td colspan="2">正常</td></tr>
<tr><td>视频监控系统工作是否正常，视频信号是否正常上传，视频文件是否保存15天以上</td><td colspan="2">正常</td></tr>
<tr><td>实名登记情况</td><td>抽查现场上网消费者实名登记情况</td><td colspan="2">现场抽查10名，符合要求的8名，不符合要求的2名</td></tr>
<tr><td>消防安全情况</td><td>安全出口和疏散通道是否闭锁堵塞；消防器材设施是否齐全可用；是否存在吸烟、使用明火及存放易燃易爆物品现象</td><td colspan="2">正常</td></tr>
<tr><td>检查意见</td><td colspan="3">限期整改</td></tr>
<tr><td>场所现场管理员签字</td><td colspan="3">以上现场检查记录已看过，与实际情况相符。
李××
×年×月×日</td></tr>
</table>

检查人员：刘×、王×　　检查日期：2017年11月1日

××市公安局××分局当场处罚决定书

编号：××××

违法行为人姓名（单位名称）××网吧 地址××区×××路法定代表人：李×。

现查明2017年11月1日，××网吧管理员李×未核对、登记实际上网消费者王×、赵×有效身份证件，用该网吧保管的号码为37040219990120××××的身份证，安排王×在012号电脑上网；用该网吧保管的号码为37040219830103××××的身份证，安排赵×在090号电脑上网。以上事实有李×的陈述，王×、赵×的证言，检查笔录等证据证实。

根据《互联网上网服务营业场所管理条例》第三十二条第三项之规定，决定给予××网吧警告的处罚。

执行方式：☑当场训诫 ☐当场收缴罚款 ☐被处罚人持本决定书在十五日内到××银行缴纳罚款。逾期不缴纳的，每日按罚款数额的百分之三加处罚款，加处罚款的数额不超过罚款本数。

如不服本决定，可以在收到本决定书之日起六十日内向××市公安局或××区人民政府申请行政复议或者在六个月内依法向××区人民法院提起行政诉讼。

处罚地点 ××网吧

办案人民警察 刘×、王×

☐附：收缴物品清单

××市公安局××分局

2017年11月1日

处罚前已口头告知违法行为人拟作出处罚的事实、理由和依据，并告知违法行为人依法享有陈述权和申辩权。

被处罚人________ ____年____月____日

一式两份，一份交被处罚人，一份交所属公安机关备案。治安案件有被侵害人的，复印送达被侵害人。

三、公安日常消防监督检查

（一）岗前准备

1. 警力配置：公安派出所民警对“九小场所”，住宅区的物业服务企业、居民委员会、村民委员会实施消防监督检查时，至少安排2名具有执法主体资格的民警参与。

2. 文书准备：公安派出所民警进行日常消防监督检查时，应当携带《公安派出所日常消防监督检查记录》等文书。

3. 装备检查：同旅馆场所。

（二）实施检查

1. 进入场所前开启执法记录仪。使用执法记录仪进行不间断记录，记录的内容应当全面、完整、客观、真实地反映出执法全过程。执法工作结束后24小时内，执法人员应当将执法记录信息及时导出记录仪，全面保存，不得删节、篡改。

2. 出示警察证，表明执法身份，告知被检查单位此次检查的目的，实施检查。

3. 公安派出所对“九小场所”进行日常消防监督检查，应当检查下列内容：

（1）是否依法取得《公众聚集场所投入使用、营业前消防安全检查合格证》，不需要办理合格证的场所除外；

（2）是否制定消防安全制度；

（3）是否组织防火检查、消防安全宣传教育培训、灭火和应急疏散演练；

（4）消防车通道、疏散通道、安全出口是否畅通，室内消火栓、疏散指示标志、应急照明、灭火器等是否完好有效；

（5）生产、储存、经营易燃易爆危险品的场所是否与居住场所设置在同一建筑物内。

对设有自动消防设施的单位，公安派出所还应当检查单位是否委托消防技术服务机构定期检测、维修自动消防系统。

对居民住宅区的物业服务企业进行日常消防监督检查，公安派出所除检查前述内容外，还应当检查物业服务企业对管理区域内的共用消防设施，包括自动消防设施是否落实维护保养制度进行维护管理；是否落实对电动车停放、充电管理措施；是否按照要求设置相关消防车通道标识；关键岗位值班人员是否取得相应资格证书，人员是否在岗在位。

4. 公安派出所对居民委员会、村民委员会进行日常消防监督检查，应当检查下列内容：

（1）消防安全管理人是否确定；

（2）消防安全工作制度、村（居）民防火安全公约是否制定；

（3）是否开展消防宣传教育、防火安全巡查和检查；

（4）是否对社区、村庄消防水源（消火栓）、消防车通道、消防器材进行维护管理；

（5）是否设立微型消防站并配齐人员器材装备，开展常态化值班；是否建立志愿消防队等多种形式消防组织。

（三）消防行政处罚的简易程序

消防法修改后，相关实施细则尚未出台，消防行政处罚简易程序按原规定实施。相关细则和配套文件出台后程序和文书从其规定。

（四）注意事项

1. 2019 年 4 月 23 日起施行的《中华人民共和国消防法》第五十三条第一款规定，消防救援机构应当对机关、团体、企业、事业等单位遵守消防法律、法规的情况依法进行监督检查。公安派出所可以负责日常消防监督检查、开展消防宣传教育，具体办法由国务院公安部门规定。

2. 公安派出所负责对本辖区居民住宅区的物业服务企业、居民委员会、村民委员会和“九小场所”履行消防安全职责的情况实施消防监督检查。公安派出所对其日常监督检查范围的单位每年至少进行一次消防监督检查。

3. 2018 年修订后的《公安机关办理行政案件程序规定》将原第五十三条改为第六十七条，原第三款中的“消防安全管理”已被删去。因此，公安机关不得强制传唤违反消防安全管理的嫌疑人。

附相关文书范本

××市公安局××分局
××派出所日常消防监督检查记录

编号：〔202×〕第××号

单位（场所）名　　称	××超市	法定代表人/主要负责人	×××
地　　址	××区××路××号	单位性质	商场

续表

<table>
<tr><td>使用的建筑面积（m^2）</td><td colspan="2">280</td><td>使用的建筑具体层数</td><td>3 层；使用 1 层、2 层</td><td>所在建筑高度（m）</td><td>30</td></tr>
<tr><td>监督检查人员（签名）</td><td colspan="2">×××
×××</td><td>单位随同检查人员（签名）</td><td>×××</td><td>检查日期</td><td>202×.×.××</td></tr>
<tr><td colspan="7">检查内容和情况记录</td></tr>
<tr><td rowspan="2">单位履行消防安全职责情况</td><td>合法性</td><td colspan="5">被查建筑物名称：××家园 1 号楼裙房××门市
□1998 年 9 月 1 日之前竣工建筑且此后未改建（含装修、用途变更）
□依法通过消防验收
□依法进行竣工验收消防备案
☑其他情况：不涉及
☑是　□否　公众聚集场所
依法通过投入使用、营业前消防安全检查　□是　☑否</td></tr>
<tr><td>消防安全管理</td><td colspan="5">1. 消防安全制度　☑有　□无
2. 员工消防安全教育培训　☑组织开展　□未组织开展
3. 防火检查　☑组织开展　□未组织开展
4. 灭火和应急疏散预案　☑有　□无
5. 消防演练　☑组织　□未组织
6. 其他情况：无</td></tr>
</table>

续表

<table>
<tr><td rowspan="3">单位履行消防安全职责情况</td><td>建筑防火</td><td>1. 消防车通道 ☑畅通 □被堵塞、占用 □无
2. 疏散通道 ☑畅通 □堵塞 □锁闭
3. 安全出口 ☑畅通 □堵塞 □锁闭 □缺少
4. 防火门 □完好有效 □常闭式防火门常开
□损坏 ☑不涉及
5. 疏散指示标志 ☑完好有效 □损坏 □缺少 □无
6. 应急照明 □完好有效 ☑损坏 □缺少 □无
7. 人员密集场所外墙门窗上是否设置影响逃生、灭火救援的障碍物 □否 □是 ☑不涉及
8. 其他情况：
经检查，消防车通道、疏散通道、安全出口畅通；防火门能够正常使用；疏散指示标志、设置符合要求且质量合格；2层西侧楼梯1具应急照明灯损坏。</td></tr>
<tr><td>消防设施</td><td>1. 室内消火栓 □未设置 □完好有效 □损坏 □无水
☑配件不齐 □被遮挡、圈占 □不涉及
2. 灭火器 □未配置 □完好有效 ☑失效 □缺少
□配置类型错误 □设置地点不当
3. 建筑消防设施 □定期维修保养并记录 ☑无记录
□未定期维修保养 □不涉及
4. 物业服务企业对管理区域内共用消防设施是否维护管理
☑是 □否 □不涉及</td></tr>
<tr><td>危险品管理</td><td>1. 是否存在违反规定使用明火作业或在具有火灾、爆炸危险的场所吸烟、使用明火 □否 □是 ☑不涉及
2. 是否存在违反消防安全规定进入生产、储存易燃易爆危险品场所 □否 □是 ☑不涉及
3. 生产、储存、经营易燃易爆危险品的场所是否与居住场所设置在同一建筑物内 □否 □是 ☑不涉及</td></tr>
</table>

续表

村(居)民委员会履行消防安全职责情况	1. 消防安全管理人　□确定　□未确定 2. 消防安全工作制度　□有　□无 3. 防火安全公约　□有　□无 4. 消防宣传教育　□开展　□未开展 5. 防火安全检查　□开展　□未开展 6. 消防水源、消防车通道、消防器材　□维护管理　□未维护管理 7. 多种形式消防组织　□建立　□未建立
责令改正情况	制发的法律文书名称和编号：《责令改正通知书》〔202×〕第××号。
移送公安消防机构处理的内容	发现的下列第＿＿3＿＿项消防安全违法行为，移送＿××区消防救援大队＿依法处理： □ 1. 建筑物未依法通过公安机关消防机构消防验收，擅自投入使用； □ 2. 建筑物未依法进行竣工验收消防备案； ☑ 3. 公众聚集场所未依法通过使用、营业前消防安全检查，擅自投入使用、营业。
备　注	现场使用执法记录仪同步录音录像，拍摄现场隐患照片×张。

此记录由公安派出所存档。

第五章　刑事案件现场执法

一、传唤、口头传唤的执行

（一）岗前准备

1. 警力配置：执行传唤犯罪嫌疑人任务，至少安排两名具有执法主体资格的民警和一名警务辅助人员参与。根据具体情况需要，可以适当增加警力配置。

2. 文书准备：传唤犯罪嫌疑人须经公安机关办案部门负责人批准，使用《传唤证》传唤。提前完成呈批手续，打印制作《传唤证》现场使用。

对现场发现的犯罪嫌疑人，经出示人民警察证，可以口头传唤，将传唤的原因和依据告知被传唤人。

3. 岗前提示：执行传唤任务前，主办侦查员应当将需要传唤的违法嫌疑人涉嫌的案情，嫌疑人的体貌特征、脾气性格、家庭成员、是否可能遇到阻力等情况向参与传唤任务的其他民警、辅警进行介绍，提醒彼此时刻保持警惕。

4. 装备检查：执行传唤的民警根据任务分工，对车辆状况是否良好，工作证件、法律文书是否携带，着装是否规范，携带武器、手铐等警械是否齐全，对讲机、执法记录仪以及其他电子设备是否满电、存储空间大小等项目逐一检查，发现问题予以排除后方可出发。

（二）进入现场

1. 分工负责：主办侦查员应当根据被传唤对象的具体情况对小组成员进行简单分工，责任到人。

2. 视频记录：进入现场前开启执法记录仪，记录民警传唤犯罪嫌疑人的完整过程。

3. 请求增援：进入现场后迅速判断现场态势，发现处置警力不足，遇到阻碍执法或者采用暴力威胁手段妨害公务的情形，立即报告请求增援。

（三）实施传唤

1. 传唤证传唤：

（1）出示警察证，表明执法身份。询问该处所是否是被传唤人的住所或工作场所。确认无误后，进入该场所。

（2）开门人员否认被传唤人在此生活居住，不要轻易退出。进一步核对相关处所和人员的信息，防止被蒙骗。

（3）违法行为人在该处所，直接向其出示传唤证，宣布传唤决定，责令其在传唤证上签名捺印，一份交被传唤人，一份附卷。被传唤人拒绝签名捺印的，主办民警应当在传唤证上注明。

（4）嫌疑人拒绝签名捺印，无正当理由不接受传唤或者逃避传唤的，主办侦查员应当立即向办案单位负责人汇报，安排增援力量呈请办理拘传手续，对其实施拘传。

（5）嫌疑人离开该处所暂时外出，可以将传唤证留在该处所，由其近亲属或单位负责人代收；相关人员拒绝代收的，留置送达，但须在传唤证上注明。

2. 口头传唤：

（1）民警在现场发现犯罪嫌疑人，在现场主动投案的犯罪嫌疑人，群众在现场抓获的犯罪嫌疑人，经出示警察证，可以口头传唤。

（2）传唤和口头传唤是侦查措施，不是强制措施，不得派人押解或者使用警械等强制方法进行。

（四）现场取证：通用。

（五）现场处结：通用。

（六）后续办理：在法定时间内进行讯问，制作讯问笔录。

（七）注意事项

1. 办案民警应当将传唤的原因和依据告知被传唤人，在《讯问笔录》中注明犯罪嫌疑人的到案方式，由犯罪嫌疑人注明到案时间和传唤结束时间。

2. 在现场发现的犯罪情节较重，危险性较强，可以采取当场盘问检查的方式进行控制约束。

3. 传唤时间不得超过 12 小时，传唤后发现案情重大复杂，需要拘留逮捕强制措施的，经办案部门负责人批准，传唤持续的时间可以延长至 24 小时。

二、拘传、拘留、逮捕的执行

（一）岗前准备

1. 警力配置：同传唤，执行中可以着便衣秘密执行。

2. 文书准备：执行拘传、拘留、逮捕犯罪嫌疑人须经县级公安机关负责人批准，须提前完成呈批手续，打印制作《拘传证》《拘留证》《逮捕证》现场使用，持证执行。

3. 岗前提示：同传唤。

4. 装备检查：同传唤。

（二）进入现场：同传唤。

（三）执行拘传、拘留、逮捕

1. 出示警察证，表明执法身份。询问该处所是否是被执行犯罪嫌疑人的住所或工作场所。确认无误后，进入该场所。

2. 开门人员否认被执行犯罪嫌疑人在此生活居住，不要轻易退出。进一步核对相关处所和人员的信息，防止被蒙骗。

3. 犯罪嫌疑人在该处所，直接向其出示法律文书，宣布拘传、拘留、逮捕决定，加戴手铐，责令其在法律文书上签名捺印的。嫌疑人拒绝签名捺印的，主办侦查员应当在法律文书上注明。

4. 执行拘传、拘留、逮捕过程中，遇到其亲友阻碍的，应当向相关人员讲明法律责任和利害关系。在警力足以控制现场局势的情况下，将嫌疑人连同阻碍执法的嫌疑人亲属以行政口头传唤的方式一同带离。

5. 嫌疑人离开该处所暂时外出的，可以视情在该处守候。其间可以要求在场的关系人规劝嫌疑人到公安机关投案，讲明通风报信、提供逃匿资金、提供藏匿处所的法律责任。

6. 执行拘传、拘留、逮捕应当依法使用约束性警械。

（四）抢救伤员：执行过程中，被执行人或其在场亲属受伤、身体不适，可能影响生命安全的，及时拨打120急救电话。

（五）现场取证：通用。

（六）现场处结：将犯罪嫌疑人和阻碍执法嫌疑人带离现场。

（七）后续办理（略）

（八）注意事项

1. 拘传时间不得超过12小时，拘传后发现案情特别重大复杂，需要拘留逮捕强制措施的，经县级以上公安机关负责人批准，拘传时间可以延长至24小时。

2. 《拘传证》一次有效，需要再次拘传犯罪嫌疑人的，应当重新制作《拘传证》，不得以连续拘传的形式变相拘禁犯罪嫌疑人。

3. 在执行拘留、逮捕时，遇有紧急状况，可以持拘留证、逮捕证对其人身和相关处所进行搜查；执行拘传时，可在带离前对其进行必要的人身安全检查，排除安全隐患，但不得对其相关处所进行搜查。

4. 对被拘留、逮捕的犯罪嫌疑人，应当立即送看守所羁押，至迟不得超过24小时；异地执行拘留的，应当在到达管辖地后24小时内将犯罪嫌疑人送看守所羁押；严禁在公安机关办案场所、办公场所或者其他场所羁押犯罪嫌疑人。

5. 未能抓获犯罪嫌疑人的，办案部门应当在24小时内将执行情况和未能抓获的原因书面报告作出批准拘留决定的县级以上公安机关负责人，对人民检察院决定拘留、逮捕犯罪嫌疑人的，应当在24小时内将执行情况和未能抓获的原因通知作出拘留决定的人民检察院。对于犯罪嫌疑人在逃的，在人民检察院撤销拘留决定之前，公安机关应当组织力量继续执行。

三、搜查

（一）岗前准备

1. 警力配置：执行搜查任务，至少安排2名具有执法主体资格的民警和1名警务辅助人员参与。搜查女性嫌疑人身体的，应当由女性工作人员进行。根据具体情况需要，可以适当增加警力。

2. 文书准备：搜查须经县级以上公安机关负责人批准，提前完成呈批手续，打印制作《搜查证》、准备搜查笔录、扣押物品文件清单等空白文书，现场使用。

3. 岗前提示：同传唤。

4. 装备检查：同传唤。

5. 沟通协调：事先联系社区或者村居干部、基层司法工作人员共同到场见证扣押过程。

（二）进入现场：同传唤。

（三）实施搜查

1. 抓捕现场搜查。执行拘留、逮捕的时候，遇有下列五种情形的，持拘留证或者逮捕证进行搜查，并在《搜查笔录》中注明：①可能随身携带凶器的；②可能隐藏爆炸、剧毒等危险物品的；③可能隐匿、毁弃、转移犯罪证据的；④可能隐匿其他犯罪嫌疑人的；⑤其他突然发生的紧急情况。

（1）出示警察证，表明执法身份，宣布拘留（逮捕）决定，加戴手铐，责令其在法律文书上签名捺印。嫌疑人拒绝签名捺印，主办侦查员应当在拘留证或逮捕证上注明。

（2）对嫌疑人的人身搜查参照本编第一章中的内容。搜查女性嫌疑人由女性工作人员进行，没有女性工作人员在场的，非紧急状况，可以暂时不对其身体进行搜查。

（3）抓捕现场搜查是粗线条搜查，按照先人身后物品、先室内后室外的原则，尽快完成，带离现场。

（4）对搜查中查获的犯罪证据，当场拍照后予以扣押。拍摄的照片应当清楚展现证据放置地点。

（5）当场制作搜查笔录、扣押物品文件清单，经犯罪嫌疑人核对无误后签字捺印。

（6）押解犯罪嫌疑人，带搜查获取的赃证物品离开现场。

2. 对犯罪嫌疑人的人身搜查。对抓捕到公安机关的犯罪嫌疑人，发现其身体内或随身携带物品有赃证物品嫌疑的，呈请办理《搜查证》，持《搜查证》进行搜查扣押。对嫌疑人的人身搜查参照本编第一章中的内容。

3. 对相关犯罪处所进行搜查：

（1）出示警察证，表明执法身份，向被搜查人或者其家属出示《搜查证》，要求被搜查人或者其家属在《搜查证》上签名捺印。被搜查人拒绝签名的，或者被搜查人在逃，其家属拒绝签名或者不在场的，侦查人员应当在《搜查笔录》中注明。

（2）在搜查的时候，应当有被搜查人或者其家属、邻居或者其他见证人在场。由于客观条件无法由符合条件的人员担任见证人的，应当保持相关活动全程不间断录像，并在搜查笔录中注明情况。

（3）必要时可以带犯罪嫌疑人或者有关人员到现场，也可以利用警犬协助搜查。

（4）进行搜查时，公安机关可以要求有关单位和个人交出用以证明犯罪嫌疑人有罪或者无罪的物证、书证、视听资料等证据。嫌疑人的亲友阻碍搜查的，应当向被搜查人或者其家属说明阻碍搜查、妨碍公务应当承担的法律责任。必要时侦查人员可以强制搜查。

（5）在搜查过程中，指派专人严密注视搜查现场的情况，控制、监视被搜查人及其家属的动向。

（6）从室内最可能发现目的物的部位或者地段开始搜查。难以确定重点部位的，需要明确搜查方向，注意异常变化特征。需对室内建筑设施和物品进行破坏性搜查时，应当经办案部门负责人批准。

（7）室外搜查应当先了解地形，划定范围，把人群较少接触的地点作为搜查重点；注意新翻动的地面、新变动的堆物和新移动的物品；对范围较大的露天场所，可以用杆、旗作为划分线条和引导搜索方向的标志；对范围较小的场所，可以用绳索或者自然标志作为区分和搜索的标志。

（8）对搜查中查获的犯罪证据，应当当场拍照后予以扣押。拍摄的照片须清楚展现证据放置地点，并附文字说明。扣押的贵重物品应当拍照固定细目特征。对毒品的搜查，应当使用电子秤当场称重，将称重计量数据一同拍摄。

（9）当场制作《搜查笔录》和《扣押物品文件清单》一

式三份，交被搜查人、家属、邻居、见证人核对无误后签名捺印。被搜查人拒绝签名或者在逃，其家属拒绝签名、不在场的，在笔录中注明。

（10）清点核对物品后妥善保管带离搜查现场。

（四）现场取证：通用。

（五）现场处结：通用。

（六）后续办理：对扣押的财物和文件，经查明确实与案件无关的，应当在3日内解除扣押，发还给原持有人。

（七）注意事项

1. 人身搜查和安全检查既有相同点也有区别：（1）安全检查是侧重于对安全隐患的排除，对非违禁品或疑似涉案物品的来源是否合法不予甄别、是否对案件有证明作用不予判断；搜查是有目的的侦查活动，对嫌疑人携带的物品来源是否合法，对案件事实是否有证明作用进行甄别和判断，是去粗取精、去伪存真的过程；（2）安全检查不需要办理呈批手续，搜查需要县级以上公安机关负责人的批准；（3）安全检查中发现嫌疑人随身携带的非违禁品予以暂存，搜查获取的赃证物品则应当予以扣押。

2. 在执行拘留、逮捕现场的搜查是安全检查和搜查的合并形式，既是为了排除安全隐患，也是为了搜集证据；执行拘传、传唤、口头传唤、治安传唤、强制传唤、当场盘问检查等对违法犯罪嫌疑人控制后的安全检查，以及在公安机关办案区的安全检查都是出于排除安全隐患的需要，检查出的随身物品为非涉案物品的予以暂存；对于其中筛查出的赃证物品需要使用扣押决定书、扣押笔录、扣押清单实施扣押，或者使用搜查证、搜查笔录、扣押清单实施扣押，或者使用证据保全文书予以保全。

四、扣押

在侦查活动中发现的可用以证明犯罪嫌疑人有罪或者无罪的各种财物、文件，应当扣押。可用以证明犯罪嫌疑人有罪或者无罪的财物，包括：（1）犯罪所得及其孳息；（2）用于实施犯罪行为的工具；（3）其他可以证明犯罪行为是否发生以及犯罪情节轻重的财物。

对勘验、检查中提取的财物、文件，现场难以确定可否用以证明犯罪嫌疑人有罪或者无罪，需要进一步甄别和采取控制保全措施，以及法律、法规禁止持有的财物、文件，应当扣押。

对有可能成为痕迹物证载体的财物、文件，应当扣押。

（一）岗前准备

1. 警力配置：同传唤。

2. 文书准备：现场勘查或搜查中需要扣押财物文件的，由现场指挥员决定。在侦查中需要扣押财物文件的，应当制作《呈请扣押报告书》，经办案部门负责人批准后打印制作《扣押决定书》，扣押财物、文件价值较高或可能严重影响正常生活或生产经营的，须经县级以上公安机关负责人批准，打印制作《扣押决定书》，准备扣押笔录、扣押物品文件清单等空白文书，现场使用。

3. 岗前提示：同传唤。

4. 装备检查：同传唤。

5. 沟通协调：事先联系社区或者村居干部、基层司法工作人员共同到场见证扣押过程。

（二）进入现场：同传唤。

（三）实施扣押

1. 出示警察证，表明执法身份，向物品持有人或者其家属出示《扣押决定书》，告知其扣押理由、依据以及如实提供证据、配合扣押的义务，要求物品持有人或者其家属在《扣押决定书》上签名捺印。被物品持有人不在场，或者拒绝签名的，侦查人员应当在《扣押决定书》上注明。

2. 持有人拒绝交出应当扣押的财物、文件的，可以强行扣押。

3. 清点扣押财物、文件：

（1）对扣押的财物和文件，应当会同在场见证人和被扣押财物、文件的持有人查点清楚。

（2）扣押的物证、书证、视听资料应当是原物、原件。只有原物不便搬运、不易保存或者依法应当由有关部门保管、处理或者依法应当返还时，才可以拍摄或者制作足以反映原物外形或者内容的照片、录像或者复制品。书证取得原件确有困难或者因保密工作需要的，可以是副本或者复制件，并与原件核对无误。物证的照片、录像或者复制品，书证的副本、复制件，视听资料的复制件，应当附有关制作过程及原件、原物存放处的文字说明，并由制作人和物品持有人或者物品持有单位有关人员签名。

（3）对扣押的现金、存折、银行卡、有价证券、财物权属证明、金银、珠宝、贵重首饰、文物、名贵字画、录音带、录像带、电子数据存储介质等以及其他小件零散物品，应当当场装袋密封，并由扣押人员、见证人和持有人在密封材料上签名。对不能装袋密封的，应当采取能保持其原始状态的处理方式。依法扣押现金、金银、珠宝、文物、名贵字画等贵重财物的，应当拍照，并及时鉴定、估价。

（4）扣押车辆等交通工具的，应当对车辆外观和车辆里程表拍照，并将车辆存放于安全处所，防止发生水淹或者水箱被冻裂等意外。

（5）侦查过程中，发现爆炸物品、毒品、枪支、弹药和淫秽物品以及其他危险品或者违禁物品，应当立即扣押，固定相关证据后，交有关部门处理。

4. 制作《扣押笔录》，当场开列《扣押清单》一式三份，写明财物或者文件的名称、编号、数量、特征及其来源等，由侦查员、见证人和持有人签名后，一份交给持有人，一份交给公安机关保管人员，一份连同照片、录像资料或者扣押的产权证照存入诉讼卷。对无法确定持有人的财物、文件，或者持有人不在场、拒绝签名的，侦查人员应当在《扣押笔录》和《扣押清单》中注明。

5. 清点核对物品后妥善保管带离扣押现场。

（四）现场取证：通用。

（五）现场处结：通用。

（六）后续办理：对扣押的财物和文件，经查明确实与案件无关的，应当在3日内解除扣押，发还给原持有人。

（七）注意问题

1. 与案件无关的财物、文件，不得扣押。

2. 严格把握扣押的审批权限：

（1）在侦查过程中需要扣押财物、文件的，须经办案部门负责人批准。

（2）在现场勘查或者搜查中需要扣押财物、文件的，由现场指挥人员决定。

（3）扣押财物、文件价值较高或者可能严重影响正常生活或者生产经营的，须经县级以上公安机关负责人批准。

（4）扣押犯罪嫌疑人的邮件、电子邮件、电报，须报县级以上公安机关负责人批准。

3. 依法及时解除：对扣押的财物、文件、邮件、电子邮件、电报，经查明确实与案件无关的，应当在3日内解除扣押，退还原主或者原邮电部门、网络服务单位。原主不明确的，应当采取公告方式告知原主认领。在通知原主或者公告后6个月内，无人认领的，按照无主财物处理，登记后上缴国库。

五、查封

在侦查活动中发现的可用以证明犯罪嫌疑人有罪或者无罪的土地、房屋等不动产或者不宜移动的车辆、船舶、航空器以及其他大型机器、设备等特定动产，应当查封；与案件无关的，不得查封。查封涉案财物，应当为犯罪嫌疑人及其所扶养的家属保留必要的生活费用和物品。

（一）岗前准备

1. 警力配置：同传唤。

2. 文书准备：查封土地、房屋等不动产前，须查询不动产权属。经县级公安机关负责人批准，制作《协助查询财产通知书》到自然资源、住房和城乡建设部门办理。符合查封条件的，经县级以上公安机关负责人批准，提前完成呈批手续，打印制作《查封决定书》《协助查封通知书》、准备查封笔录、查封清单、封条等空白文书，现场使用。

3. 岗前提示：同传唤。

4. 装备检查：同传唤。

5. 沟通协调：事先联系社区或者村居干部、基层司法工作人员共同到场见证查封过程。

（二）进入现场：同传唤。

（三）实施查封

1. 查封实物：

（1）出示警察证，表明执法身份，向被查封人或者其家属、被查封单位负责人出示《查封决定书》，告知其查封理由、依据以及配合查封的义务，要求被查封人或者其家属、被查封单位负责人在《查封决定书》上签名捺印。被查封人或单位负责人拒绝签名的，或者被查封人在逃，其家属拒绝签名或者不在场的，侦查人员应当在《查封决定书》上注明。

（2）清点查封财物。对查封的财物，应当会同在场见证人和被查封财物的持有人查点清楚，并登记、拍照或者录像。

（3）当场制作《查封笔录》和《查封清单》一式三份，写明财物的名称、编号、数量、特征、财产所在地、登记机关等，由侦查人员、见证人和持有人签名后，一份交给持有人，一份交给公安机关保管人员，一份连同照片、录像资料或者扣押的产权证照存入诉讼卷。对无法确定持有人的财物，或者持有人不在场、拒绝签名的，侦查人员应当在《查封笔录》和《查封清单》中注明。

（4）张贴公告。查封土地、房屋等不动产的，应当在不动产的显著位置张贴公告。必要时，可以张贴制式封条。

2. 协助查封：

（1）需要自然资源、住房和城乡建设、交通运输、民航等有关部门协助查封的，应当经县级以上公安机关负责人批准，制作《查封决定书》《协助查封通知书》，明确查封财物情况、查封方式、查封期限等事项，送交有关部门协助办理，及时告知有关当事人。

（2）查封土地、房屋等不动产的，应当在《协助查封通知书》中明确涉案土地、房屋等不动产的详细地址、权属证书号、权利人姓名或者单位名称等事项（对依照有关规定可以分割的土地、房屋等不动产进行查封的，应当明确只对与案件有关的部分进行查封），送交自然资源、住房和城乡建设等有关部门协助办理，有关部门应当在相关通知书回执中注明办理情况。

（3）查封不宜移动的车辆、船舶、航空器以及其他大型机器、设备等特定动产的，应当在《协助查封通知书》中明确涉案财物的名称、型号、权属、地址等事项，送交有关登记管理部门协助办理。必要时，可以扣押有关权利证书。

（4）侦查人员到自然资源、住房和城乡建设等有关部门办理土地使用权或者房屋查封登记手续时，应当出示本人人民警察证，提交《查封决定书》和《协助查封通知书》，依照有关规定办理查封事项。

（四）现场取证：通用。

（五）现场处结：通用。

（六）后续办理：对查封的财物，经查明确实与案件无关的，应当在3日内解除查封，退还原主。

（七）注意问题

1. 查封审批权的上划：

（1）查封涉案土地和房屋的面积、金额较大时，应当经设区的市一级以上公安机关负责人批准。

（2）以公益为目的的教育、医疗、卫生以及社会福利机构等场所、设施，保障性住房，原则上不得查封。确有必要查封的，应当经设区的市一级以上公安机关负责人批准。

2. 查封土地、房屋等不动产或者不宜移动的车辆、船舶、航空器以及其他大型机器、设备等特定动产的，可以在保证侦查活动正常进行的同时，允许有关当事人继续合理使用，并采取必要的保值保管措施。

3. 查封执行遇到的特殊情形：

（1）置于不动产上的设施、家具和其他相关物品，需要作为证据使用的，应当扣押；不宜移动的，可以一并查封。

（2）对依照有关规定可以分割的土地、房屋等不动产，应当只对与案件有关的部分进行查封；对依照有关规定不可分割的土地、房屋等不动产，可以进行整体查封。

（3）对下列尚未进行权属登记的房屋，可以查封：①涉案的房地产开发企业已经办理商品房预售许可证但尚未出售的房屋；②犯罪嫌疑人购买的已经由房地产开发企业办理房屋权属初始登记的房屋；③犯罪嫌疑人购买的已经办理商品房预售合同登记备案手续或者预购商品房预告登记的房屋。

（4）查封地上建筑物的效力及于该地上建筑物占用范围内的建设用地使用权，查封建设用地使用权的效力及于地上建筑物，但建设用地使用权与地上建筑物的所有权分属不同权利人的除外。地上建筑物和土地使用权的登记机构不是同一机构的，应当分别办理查封登记。

4. 轮候查封：

（1）已被有关国家机关依法查封的涉案财物，不得重复查封。需要轮候查封的，应当依照有关部门共同发布的规定执行。

（2）查封依法解除或者到期解除后，按照时间顺序登记在先的轮候查封自动生效。公安机关接到协助办理查封的有关部门轮候查封登记的书面通知的，应当查询轮候查封的生效情况。

（3）要求查封涉案财物的公安机关与有关国家机关之间因查封事项发生争议的，应当自行协商解决。协商不成的，由其共同上级机关决定；分属不同部门的，由其各自的上级机关协商解决。

（4）需要查封的或者已被查封的涉案财物，涉及扣押或者民事诉讼中的抵押、质押，或者民事执行等特殊情况的，公安机关应当根据查封财物的权属状态和争议问题，与相关国家机关协商解决。协商不成的，各自报请上级机关协商解决。

5. 查封期限：

（1）查封期限不得超过2年。期限届满可以续封1次，续封应当经作出原查封决定的县级以上公安机关负责人批准，在期限届满前5日内重新制作《查封决定书》和《协助查封通知书》，送交有关部门协助办理，续封期限最长不得超过1年。

（2）案件重大复杂，确需再续封的，应当经设区的市一级以上公安机关负责人批准，在期限届满前5日内重新制作《查封决定书》和《协助查封通知书》，且每次再续封的期限最长不得超过1年。

（3）公安机关应当及时将续封决定告知有关当事人。

（4）查封期限届满，未办理续封手续的，查封自动解除。

第六章　交通警察现场执法[1]

交通警察道路执勤执法工作规范

（2008 年 11 月 15 日　公通字〔2008〕58 号）

第一章　总　　则

第一条　为了规范交通警察道路执勤执法行为，维护道路交通秩序，保障道路交通安全畅通，根据《中华人民共和国道路交通安全法》及其他有关规定，制定本规范。

第二条　交通警察在道路上执行维护交通秩序、实施交通管制、执行交通警卫任务、纠正和处理道路交通安全违法行为（以下简称“违法行为”）等任务，适用本规范。

第三条　交通警察执勤执法应当坚持合法、公正、文明、公开、及时，查处违法行为应当坚持教育与处罚相结合。

第四条　交通警察执勤执法应当遵守道路交通安全法律法规。对违法行为实施行政处罚或者采取行政强制措施，应当按照《道路交通安全法》、《道路交通安全法实施条例》、《道路

---

① 本章内容直接引用相关规范。

交通安全违法行为处理程序规定》等法律、法规、规章执行。

第五条　交通协管员可以在交通警察指导下承担以下工作：

（一）维护道路交通秩序，劝阻违法行为；

（二）维护交通事故现场秩序，保护事故现场，抢救受伤人员；

（三）进行交通安全宣传；

（四）及时报告道路上的交通、治安情况和其他重要情况；

（五）接受群众求助。

交通协管员不得从事其他执法行为，不得对违法行为人作出行政处罚或者行政强制措施决定。

第二章　执勤执法用语

第六条　交通警察在执勤执法、接受群众求助时应当尊重当事人，使用文明、礼貌、规范的语言，语气庄重、平和。对当事人不理解的，应当耐心解释，不得呵斥、讽刺当事人。

第七条　检查涉嫌有违法行为的机动车驾驶人的机动车驾驶证、行驶证时，交通警察应当使用的规范用语是：你好！请出示驾驶证、行驶证。

第八条　纠正违法行为人（含机动车驾驶人、非机动车驾驶人、行人、乘车人，下同）的违法行为，对其进行警告、教育时，交通警察应当使用的规范用语是：你的（列举具体违法行为）违反了道路交通安全法律法规，请遵守交通法规。

谢谢合作。

第九条 对行人、非机动车驾驶人的违法行为给予当场罚款时，交通警察应当使用的规范用语是：你的（列举具体违法行为）违反了道路交通安全法律法规，依据《道路交通安全法》第××条和《道路交通安全法实施条例》第××条（或××地方法规）的规定，对你当场处以××元的罚款。

非机动车驾驶人拒绝缴纳罚款时，交通警察应当使用的规范用语是：根据《道路交通安全法》第 89 条的规定，你拒绝接受罚款处罚，可以扣留你的非机动车。

第十条 对机动车驾驶人给予当场罚款或者采取行政强制措施时，交通警察应当使用的规范用语是：你的（列举具体违法行为）违反了道路交通安全法律法规，依据《道路交通安全法》第××条和《道路交通安全法实施条例》第××条（或××地方法规）的规定，对你处以××元的罚款，记××分（或者扣留你的驾驶证/机动车）。

第十一条 实施行政处罚或者行政强制措施前，告知违法行为人应享有的权利时，交通警察应当使用的规范用语是：你有权陈述和申辩。

第十二条 要求违法行为人在行政处罚决定书（或行政强制措施凭证）上签字时，交通警察应当使用的规范用语是：请你认真阅读法律文书的这些内容，并在签名处签名。

第十三条 对违法行为人依法处理后，交通警察应当使用的规范用语是：请收好法律文书（和证件）。

对经检查未发现违法行为时，交通警察应当使用的规范用语是：谢谢合作。

第十四条　对于按规定应当向银行缴纳罚款的，机动车驾驶人提出当场缴纳罚款时，交通警察应当使用的规范用语是：依据法律规定，我们不能当场收缴罚款。请到×××银行缴纳罚款。

第十五条　对于机动车驾驶人拒绝签收处罚决定书或者行政强制措施凭证时，交通警察应当使用的规范用语是：依据法律规定，你拒绝签字或者拒收，法律文书同样生效并即为送达。

第十六条　实施交通管制、执行交通警卫任务、维护交通事故现场交通秩序，交通警察应当使用的规范用语是：前方正在实行交通管制（有交通警卫任务或者发生了交通事故），请你绕行×××道路（或者耐心等候）。

第十七条　要求当事人将机动车停至路边接受处理时，交通警察应当使用的规范用语是：请将机动车停在（指出停车位置）接受处理。

第三章　执勤执法行为举止

第十八条　交通警察在道路上执勤执法应当规范行为举止，做到举止端庄、精神饱满。

第十九条　站立时做到抬头、挺胸、收腹，双手下垂置于大腿外侧，双腿并拢、脚跟相靠，或者两腿分开与肩同宽，身体不得倚靠其他物体，不得摇摆晃动。

第二十条　行走时双肩及背部要保持平稳，双臂自然摆动，不得背手、袖手、搭肩、插兜。

第二十一条 敬礼时右手取捷径迅速抬起，五指并拢自然伸直，中指微接帽檐右角前，手心向下，微向外张，手腕不得弯屈。礼毕后手臂迅速放回原位。

第二十二条 交还被核查当事人的相关证件后时应当方便当事人接取。

第二十三条 使用手势信号指挥疏导时应当动作标准，正确有力，节奏分明。

手持指挥棒、示意牌等器具指挥疏导时，应当右手持器具，保持器具与右小臂始终处于同一条直线。

第二十四条 驾驶机动车巡逻间隙不得倚靠车身或者趴在摩托车把上休息。

第四章 着装和装备配备

第二十五条 交通警察在道路上执勤执法应当按照规定穿着制式服装，佩戴人民警察标志。

第二十六条 交通警察在道路上执勤执法应当配备多功能反光腰带、反光背心、发光指挥棒、警用文书包、对讲机或者移动通信工具等装备，可以选配警务通、录音录像执法装备等，必要时可以配备枪支、警棍、手铐、警绳等武器和警械。

第二十七条 执勤警用汽车应当配备反光锥筒、警示灯、停车示意牌、警戒带、照相机（或者摄像机）、灭火器、急救箱、牵引绳等装备；根据需要可以配备防弹衣、防弹头盔、简易破拆工具、防化服、拦车破胎器、酒精检测仪、测速仪等装备。

第二十八条　执勤警用摩托车应当配备制式头盔、停车示意牌、警戒带等装备。

第二十九条　执勤警车应当保持车容整洁、车况良好、装备齐全。

第三十条　交通警察执勤执法装备，省、自治区、直辖市公安机关可以根据实际需要增加，但应当在全省、自治区、直辖市范围内做到统一规范。

第五章　通行秩序管理

第三十一条　交通警察在道路上执勤时，应当采取定点指挥疏导和巡逻管控相结合的方式。

第三十二条　交通警察在指挥疏导交通时，应当注意观察道路的交通流量变化，指挥机动车、非机动车、行人有序通行。

在信号灯正常工作的路口，可以根据交通流量变化，合理使用交通警察手势信号，指挥机动车快速通过路口，提高通行效率，减少通行延误。

在无信号灯或者信号灯不能正常工作的路口，交通警察应当使用手势信号指挥疏导，提高车辆、行人通过速度，减少交通冲突，避免发生交通拥堵。

第三十三条　交通警察遇到交通堵塞应当立即指挥疏导；遇严重交通堵塞的，应当采取先期处置措施，查明原因，向上级报告。

接到疏导交通堵塞指令后，应当按照工作预案，选取分流点，并视情设置临时交通标志、提示牌等交通安全设施，指挥疏导车辆。

在疏导交通堵塞时，对违法行为人以提醒、教育为主，不处罚轻微违法行为。

第三十四条 交通警察在执勤时，应当定期检查道路及周边交通设施，包括信号灯、交通标志、交通标线、交通设施等是否完好，设置是否合理。发现异常，应当立即采取处置措施，无法当场有效处理的，应当先行做好应急处置工作，并立即向上级报告。

第三十五条 交通警察发现违反规定占道挖掘或者未经许可擅自在道路上从事非交通行为危及交通安全或者妨碍通行，尚未设置警示标志的，应当及时制止，并向上级报告，积极做好交通疏导工作。

第三十六条 在高速公路上执勤时应当以巡逻为主，通过巡逻和技术监控，实现交通监控和违法信息收集。必要时可以在收费站、服务区设置执勤点。

第三十七条 交通警察发现高速公路交通堵塞，应当立即进行疏导，并查明原因，向上级报告或者通报相关部门，采取应对措施。

造成交通堵塞，必须借用对向车道分流的，应当设置隔离设施，并在分流点安排交通警察指挥疏导。

第三十八条 交通警察执勤时遇交通事故应当按照《道路交通事故处理程序规定》（公安部令第 104 号）和《交通事故处理工作规范》的规定执行。

第六章　违法行为处理

第一节　一般规定

第三十九条　交通警察在道路上执勤，发现违法行为时，应当及时纠正。无法当场纠正的，可以通过交通技术监控设备记录，依据有关法律、法规、规章的规定予以处理。

第四十条　交通警察纠正违法行为时，应当选择不妨碍道路通行和安全的地点进行。

第四十一条　交通警察发现行人、非机动车驾驶人的违法行为，应当指挥当事人立即停靠路边或者在不影响道路通行和安全的地方接受处理，指出其违法行为，听取当事人的陈述和申辩，作出处理决定。

第四十二条　交通警察查处机动车驾驶人的违法行为，应当按下列程序执行：

（一）向机动车驾驶人敬礼；

（二）指挥机动车驾驶人立即靠边停车，可以视情要求机动车驾驶人熄灭发动机或者要求其下车；

（三）告知机动车驾驶人出示相关证件；

（四）检查机动车驾驶证，询问机动车驾驶人姓名、出生年月、住址，对持证人的相貌与驾驶证上的照片进行核对；检查机动车行驶证，对类型、颜色、号牌进行核对；检查检验合格标志、保险标志；查询机动车及机动车驾驶人的违法行为信息、机动车驾驶人记分情况；

（五）指出机动车驾驶人的违法行为；

（六）听取机动车驾驶人的陈述和申辩；

（七）给予口头警告、制作简易程序处罚决定书、违法处理通知书或者采取行政强制措施。

第二节 查处轻微违法行为

第四十三条 对《道路交通安全法》规定可以给予警告、无记分的违法行为、未造成影响道路通行和安全的后果且违法行为人已经消除违法状态的，可以认定为轻微违法行为。

第四十四条 对轻微违法行为，口头告知其违法行为的基本事实、依据，纠正违法行为并予以口头警告后放行。

第四十五条 交通警察在指挥交通、巡逻管控过程中发现的违法行为，在不具备违法车辆停车接受处理的条件或者交通堵塞时，可以通过手势、喊话等方式纠正违法行为。

第四十六条 对交通技术监控设备记录的轻微违法行为，可以通过手机短信、邮寄违法行为提示、通知车辆所属单位等方式，提醒机动车驾驶人遵守交通法律法规。

第四十七条 各省、自治区、直辖市公安机关可以根据本地实际，依照本规范第四十三条的规定确定轻微违法行为的具体范围。

第三节 现场处罚和采取强制措施

第四十八条 违法行为适用简易程序处罚的，交通警察对机动车驾驶人作出简易程序处罚决定后，应当立即交还机动车驾驶证、行驶证等证件，并予以放行。

制作简易程序处罚决定书、行政强制措施凭证时应当做到内容准确、字迹清晰。

第四十九条 违法行为需要适用一般程序处罚的，交通警察应当依照规定制作违法行为处理通知书或者依法采取行政强制措施，告知机动车驾驶人接受处理的时限、地点。

第五十条 当事人拒绝在法律文书上签字的，交通警察除应当在法律文书上注明有关情况外，还应当注明送达情况。

第五十一条 交通警察依法扣留车辆时，不得扣留车辆所载货物，并应当提醒机动车驾驶人妥善处置车辆所载货物。

当事人无法自行处理或者能够自行处理但拒绝自行处理的，交通警察应当在行政强制措施凭证上注明，登记货物明细并妥善保管。

货物明细应当由交通警察、机动车驾驶人签名，有见证人的，还应当由见证人签名。机动车驾驶人拒绝签名的，交通警察应当在货物登记明细上注明。

第七章 实施交通管制

第五十二条 遇有雾、雨、雪等恶劣天气、自然灾害性事故以及治安、刑事案件时，交通警察应当及时向上级报告，由上级根据工作预案决定实施限制通行的交通管制措施。

第五十三条 执行交通警卫任务以及具有本规范第五十二条规定情形的，需要临时在城市道路、国省道实施禁止机动车通行的交通管制措施的，应当由市（地）级以上公安机关交通管理部门决定。需要在高速公路上实施交通管制的，应当由省级公安机关交通管理部门决定。

第五十四条 实施交通管制，公安机关交通管理部门应当提前向社会公告车辆、行人绕行线路，并在现场设置警示标志、绕行引导标志等，做好交通指挥疏导工作。

无法提前公告的，交通警察应当做好交通指挥疏导工作，维护交通秩序。对机动车驾驶人提出异议或者不理解的，应当做好解释工作。

第五十五条 交通警察在道路上实施交通管制，应当严格按照相关法律、法规规定和工作预案进行。

第五十六条 在高速公路执勤遇恶劣天气时，交通警察应当采取以下措施：

（一）迅速上报路况信息，包括雾、雨、雪、冰等恶劣天气的区域范围、能见度、车流量等情况；

（二）根据路况和上级要求，采取发放警示卡、间隔放行、限制车速、巡逻喊话提醒、警车限速引导等措施；

（三）加强巡逻，及时发现和处置交通事故，严防发生次生交通事故；

（四）关闭高速公路时，要通过设置绕行提示标志、电子显示屏或者可变情报板、交通广播等方式发布提示信息。车辆分流应当在高速公路关闭区段前的站口进行，交通警察要在分流处指挥疏导。

第五十七条 交通警察遇到正在发生的治安、刑事案件或者根据指令赶赴治安、刑事案件现场时，应当通知治安、刑侦部门，并根据现场情况采取以下先期处置措施：

（一）制止违法犯罪行为，控制违法犯罪嫌疑人；

（二）组织抢救伤者，排除险情；

（三）划定警戒区域，疏散围观群众，保护现场，维护好中心现场及周边道路交通秩序，确保现场处置通道畅通；

（四）进行现场询问，及时组织追缉、堵截；

（五）及时向上级报告案件（事件）性质、事态发展情况。

第五十八条　交通警察发现因群体性事件而堵塞交通的，应当立即向上级报告，并维护现场交通秩序。

第五十九条　交通警察接受堵截任务后，应当迅速赶往指定地点，并按照预案实施堵截。

紧急情况下，可以使用拦车破胎器堵截车辆。

第六十条　交通警察发现有被通缉的犯罪嫌疑车辆，应当视情采取跟踪、堵截等措施，确保有效控制车辆和嫌疑人员，并向上级报告。

第八章　执行交通警卫任务

第六十一条　交通警察执行警卫任务，应当及时掌握任务的时间、地点、性质、规模以及行车路线等要求，掌握管制措施、安全措施。

按要求准时到达岗位，及时对路口、路段交通秩序进行管理，纠正各类违法行为，依法文明执勤。

第六十二条　交通警察执行交通警卫任务时，应当遵守交通警卫工作纪律，严格按照不同级别的交通警卫任务的要求，适时采取交通分流、交通控制、交通管制等安全措施。在确保警卫车辆安全畅通的前提下，尽量减少对社会车辆的影响。

警卫车队到来时，遇有车辆、行人强行冲击警卫车队等可能影响交通警卫任务的突发事件，应当及时采取有效措施控制车辆和人员，维护现场交通秩序，并迅速向上级报告。

警卫任务结束后，应当按照指令迅速解除交通管制，加强指挥疏导，尽快恢复道路交通。

第六十三条　交通警察在路口执行警卫任务时，负责指挥的交通警察应当用手势信号指挥车队通过路口，同时密切观察路口情况，防止车辆、行人突然进入路口。负责外围控制的交通警察，应当分别站在路口来车方向，控制各类车辆和行人进入路口。

第六十四条　交通警察在路段执行警卫任务时，应当站在警卫路线道路中心线对向机动车道一侧，指挥控制对向车辆靠右缓行，及时发现和制止违法行为，严禁对向车辆超车、左转、调头及行人横穿警卫路线。

第九章　接受群众求助

第六十五条　交通警察遇到属于《110 接处警工作规则》受理范围的群众求助，应当做好先期处置，并报 110 派员处置。需要过往机动车提供帮助的，可以指挥机动车驾驶人停车，请其提供帮助。机动车驾驶人拒绝的，不得强制。

第六十六条　交通警察遇到职责范围以外但如不及时处置可能危及公共安全、国家财产安全和人民群众生命财产安全的紧急求助时，应当做好先期处置，并报请上级通报相关部门或者单位派员到现场处置，在相关部门或者单位进行处置时，可以予以必要的协助。

第六十七条　交通警察遇到职责范围以外的非紧急求助，应当告知求助人向所求助事项的主管部门或者单位求助，并视情予以必要的解释。

第六十八条　交通警察指挥疏导交通时不受理群众投诉，应当告知其到相关部门或者机构投诉。

第十章　执勤执法安全防护

第六十九条　交通警察在道路上执勤时应当遵守以下安全防护规定：

（一）穿着统一的反光背心；

（二）驾驶警车巡逻执勤时，开启警灯，按规定保持车速和车距，保证安全。驾驶人、乘车人应当系安全带。驾驶摩托车巡逻时，应当戴制式头盔；

（三）保持信息畅通，服从统一指挥和调度。

第七十条　在城市快速路、主干道及公路上执勤应当由两名以上交通警察或者由一名交通警察带领两名以上交通协管员进行。需要设点执勤的，应当根据道路条件和交通状况，临时选择安全和不妨碍车辆通行的地点进行，放置要求驾驶人停车接受检查的提示标志，在距执勤点至少二百米处开始摆放发光或者反光的警告标志、警示灯，间隔设置减速提示标牌、反光锥筒等安全防护设备。

第七十一条 在执行公务时，警车需要临时停车或者停放的，应当开启警灯，并选择与处置地点同方向的安全地点，不得妨碍正常通行秩序。

警车在公路上执行公务时临时停车和停放应当开启警灯，并根据道路限速，将警车停在处置地点来车方向五十至二百米以外。在不影响周围群众生产生活的情况下，可以开启警报器。

第七十二条 交通警察在雾、雨、雪、冰冻及夜间等能见度低和道路通行条件恶劣的条件下设点执勤，应当遵守以下规定：

（一）在公路、城市快速路上执勤，应当由三名（含）以上交通警察或者两名交通警察和两名（含）以上交通协管员进行；

（二）需要在公路上设点执勤，应当在距执勤点至少五百米处开始摆放发光或者反光的警告标志、警示灯，间隔设置减速提示标牌、反光锥筒等安全防护设备，并确定专人对执勤区域进行巡控；在高速公路上应当将执勤点设在收费站或者服务区、停车区，并在至少两公里处开始摆放发光或者反光的警告标志、警示灯，间隔设置减速提示标牌、反光锥筒等安全防护设备。

第七十三条 查处违法行为应当遵守以下规定：

（一）除执行堵截严重暴力犯罪嫌疑人等特殊任务外，拦截、检查车辆或者处罚交通违法行为，应当选择不妨碍道路通行和安全的地点进行，并在来车方向设置分流或者避让标志；

（二）遇有机动车驾驶人拒绝停车的，不得站在车辆前面强行拦截，或者脚踏车辆踏板，将头、手臂等伸进车辆驾驶室或者攀扒车辆，强行责令机动车驾驶人停车；

（三）除机动车驾驶人驾车逃跑后可能对公共安全和他人生命安全有严重威胁以外，交通警察不得驾驶机动车追缉，可采取通知前方执勤交通警察堵截，或者记下车号，事后追究法律责任等方法进行处理；

（四）堵截车辆应采取设置交通设施、利用交通信号灯控制所拦截车辆前方车辆停车等非直接拦截方式，不得站立在被拦截车辆行进方向的行车道上拦截车辆。

第七十四条 在高速公路发现有不按规定车道行驶、超低速行驶、遗洒载运物、客车严重超员、车身严重倾斜等危及道路通行安全的违法行为，可以通过喊话、鸣警报器、车载显示屏提示等方式，引导车辆到就近服务区或者驶出高速公路接受处理。情况紧急的，可以立即进行纠正。

第七十五条 公安机关交通管理部门应当定期检查交通警察安全防护装备配备和使用情况，发现和纠正存在的问题。

第十一章 执法监督与考核评价

第七十六条 公安机关督察部门和交通管理部门应当建立对交通警察道路执勤执法现场督察制度。

公安机关交通管理部门应当建立交通警察道路执勤执法检查和考核制度。

对模范遵守法纪、严格执法的交通警察，应当予以表彰和奖励。

对违反规定执勤执法的，应当批评教育；情节严重的，给予党纪、政纪处分；构成犯罪的，依法追究法律责任。

第七十七条 公安机关交通管理部门应当根据交通警察工作职责，结合辖区交通秩序、交通流量情况和交通事故的规律、特点，以及不同岗位管理的难易程度，安排勤务工作，确定执勤执法任务和目标，以执法形象、执法程序、执法效果、执法纪律、执勤执法工作量、执法质量、接处警等为重点，开展考核评价工作。

不得下达或者变相下达罚款指标，不得以处罚数量作为考核交通警察执法效果的唯一依据。

考核评价结果应当定期公布，记入交通警察个人执法档案，并与交通警察评先创优、记功、职级和职务晋升、公务员年度考核分配挂钩，兑现奖励措施。

第七十八条 省、市（地）、县级公安机关交通管理部门应当公开办事制度、办事程序，公布举报电话，自觉接受社会和群众的监督，认真受理群众的举报，坚决查处交通警察违法违纪问题。

第七十九条 公安机关交通管理部门应当建立和完善值日警官制度，通过接待群众及时发现交通警察在执法形象、执法纪律、执法程序、接处警中出现的偏差、失误，随时纠正，使执法监督工作动态化、日常化。

第八十条 公安机关交通管理部门应当建立本单位及其所属交通警察的执法档案，实施执法质量考评、执法责任制和执法过错追究。执法档案可以是电子档案或者纸质档案。

执法档案的具体内容，由省级公安机关交通管理部门商公安法制部门按照执法质量考评的要求统一制定。

第八十一条　公安机关交通管理部门通过执法档案应当定期分析交通警察的执法情况，发现、梳理带有共性的执法问题，制定整改措施。

第八十二条　交警大队应当设立专职法制员，交警中队应当设立兼职法制员。法制员应当重点审查交通警察执勤执法的事实依据、证据收集、程序适用、文书制作等，规范交通警察案卷、文书的填写、制作。

第八十三条　公安机关交通管理部门可以使用交通违法信息系统，实行执法办案网上流程管理、网上审批和网上监督，加强对交通警察执法情况的分析、研判。

第八十四条　交通警察在道路上执勤执法时，严禁下列行为：

（一）违法扣留车辆、机动车行驶证、驾驶证和机动车号牌；

（二）违反规定当场收缴罚款，当场收缴罚款不开具罚款收据、不开具简易程序处罚决定或者不如实填写罚款金额；

（三）利用职务便利索取、收受他人财物或者谋取其他利益；

（四）违法使用警报器、标志灯具；

（五）非执行紧急公务时拦截搭乘机动车；

（六）故意为难违法行为人；

（七）因自身的过错与违法行为人或者围观群众发生纠纷或者冲突；

（八）从事非职责范围内的活动。

第十二章　附　　则

第八十五条　各省、自治区、直辖市公安机关可以根据本地实际，制定实施办法。

第八十六条　本规范自2009年1月1日起实施。2005年11月14日公安部印发的《交通警察道路执勤执法工作规范》同时废止。

附件1

查处酒后驾驶操作规程

一、查处机动车驾驶人酒后驾驶违法行为应当配备并按规定使用酒精检测仪、约束带、警绳等装备。

用于收集违法行为证据的酒精检测仪应当符合国家标准并依法检定合格，并保持功能有效。

二、查处机动车驾驶人酒后驾驶违法行为应当按照以下规定进行：

（一）发现有酒后驾驶嫌疑的，应当及时指挥机动车驾驶人立即靠路边停车，熄灭发动机，接受检查，并要求机动车驾驶人出示驾驶证、行驶证；

（二）对有酒后驾驶嫌疑的机动车驾驶人，要求其下车接受酒精检验。对确认没有酒后驾驶行为的机动车驾驶人，应当立即放行；

（三）使用酒精检测仪对有酒后驾驶嫌疑的机动车驾驶人进行检验，检验结束后，应当告知检验结果；当事人违反检验要求的，应当当场重新检验；

（四）检验结果确认为酒后驾驶的，应当依照《道路交通安全违法行为处理程序规定》对违法行为人进行处理；检验结果确认为非酒后驾驶的，应当立即放行；

（五）当事人对检验结果有异议或者饮酒后驾驶车辆发生交通事故的，应当立即固定不少于两份的血液样本，或者由不少于两名交通警察或者一名交通警察带领两名协管员将当事人带至县级以上医院固定不少于两份的血液样本；

（六）固定当事人血液样本的，应当通知其家属或者当事人要求通知的人员。无法通知或者当事人拒绝的，可以不予通知，但应当在行政强制措施凭证上注明。

三、对醉酒的机动车驾驶人应当由不少于两名交通警察或者一名交通警察带领不少于两名协管员带至指定地点，强制约束至酒醒后依法处理。必要时可以使用约束性警械。

四、处理结束后，必须禁止饮酒后、醉酒的机动车驾驶人继续驾驶车辆，如现场无其他机动车驾驶人替代驾驶的，可以将其驾驶的机动车移至不妨碍交通的地点或者有关部门指定的地点，并将停车地点告知机动车驾驶人。

附件 2

查处违反装载规定违法行为操作规程

一、对有违反装载规定嫌疑的车辆，应当指挥机动车驾驶人立即停车，熄灭发动机，接受检查，并要求驾驶人出示机动车驾驶证、行驶证。

二、经检查，确认为载物超长、超宽、超高的，当场制作简易处罚程序决定书。

运输超限运输不可解体物品影响交通安全，未按照公安机关交通管理部门指定的时间、路线、速度行驶的，应当责令其按照公安机关交通管理部门指定的时间、路线、速度行驶。未悬挂明显标志的，责令驾驶人悬挂明显标志后立即放行。

三、对于有载物超载嫌疑，需要使用称重设备核定的，应当引导车辆到指定地点进行。

核定结果为超载，应当责令当事人消除违法行为。当事人表示可立即消除违法状态，依法处罚，待违法状态消除后放行车辆；当事人拒绝或者不能立即消除违法状态的，制作行政强制措施凭证，扣留车辆。

对于跨地区长途运输车辆超载的，依照公安部、交通运输部等部门的有关规定处理。

四、对于运送瓜果、蔬菜和鲜活产品的超载车辆，应当当场告知当事人违法行为的基本事实，依照有关规定处理，对未严重影响道路交通安全的，不采取扣留机动车等行政强制措施。对严重影响道路交通安全的，应当责令驾驶人按照规定转运，驾驶人拒绝转运的，依法扣留机动车。

五、对于货运机动车车厢载人、客运机动车超载或者违反规定载物的，当事人拒绝或者不能立即消除违法状态的，制作行政强制措施凭证，扣留车辆至违法状态消除。

对于其他违反装载规定的，在依法处罚之后，应当责令机动车驾驶人当场消除违法行为。

附件 3

查处超速行驶操作规程

一、查处机动车超速违法行为应当使用测速仪、摄录设备等装备。

用于收集违法行为证据的测速仪应当符合国家标准并依法检定合格，并保持功能有效。

二、现场查处超速违法行为，按照设点执勤的规范要求设置警示标志，测速点与查处点之间的距离不少于两公里，且不得影响其他车辆正常通行。

能够保存交通技术监控记录资料的，可以实施非现场处罚。

三、查处机动车超速违法行为应当按照以下规定进行：

（一）交通警察在测速点通过测速仪发现超速违法行为，应当及时通知查处点交通警察做好拦车准备；

（二）查处点交通警察接到超速车辆信息后，应当提前做好拦车准备，并在确保安全的前提下进行拦车；

（三）对超速低于百分之五十的，依照简易程序处罚；超过百分之五十的，采取扣留驾驶证强制措施，制作行政强制措施凭证。

四、当事人要求查看照片或者录像的，应当提供。

五、在高速公路查处超速违法行为，应当通过固定电子监控设备或者装有测速设备的制式警车进行流动测速。

附件 4

查处违法停车操作规程

一、查处机动车违法停车行为应当使用照相、摄录设备、清障车等装备。

二、发现机动车违法停车行为，机动车驾驶人在现场的，应当责令其驶离。

机动车驾驶人不在现场的，应当在机动车侧门玻璃或摩托车座位上张贴违法停车告知单，并采取拍照或者录像方式固定相关证据。严重妨碍其他车辆、行人通行的，应当指派清障车将机动车拖移至指定地点。

机动车驾驶人虽在现场但拒绝立即驶离的，应当使用照相、摄录设备取证，依法对机动车驾驶人的违法行为进行处理。

公安机关交通管理部门应当公开拖移机动车查询电话，并通过设置拖移机动车专用标志牌明示或者以其他方式告知当事人。当事人可以通过电话查询接受处理的地点、期限和被拖移机动车的停放地点。

三、交通警察在高速公路上发现机动车违法停车的，应当责令机动车驾驶人立即驶离；机动车发生故障或者机动车驾驶人不在现场的，应当联系清障车将机动车拖移至指定地点并告知机动车驾驶人；无法拖移的，应当责令机动车驾驶人按照规定设置警告标志。

故障机动车可以在短时间内修复，且不占用行车道或者骑压车道分隔线停车的，可以不拖移机动车，但应当责令机动车驾驶人按照规定设置警告标志。

四、拖移违法停车机动车，应当保障交通安全，保证车辆不受损坏，并通过拍照、录像等方式固定证据。

附件5

查处涉牌涉证违法行为操作规程

一、发现无号牌机动车，交通警察应当指挥机动车驾驶人立即停车，熄灭发动机，并查验车辆合法证明和驾驶证。

二、对于未悬挂机动车号牌，机动车驾驶人有驾驶证，且能够提供车辆合法证明的，依法处罚，并告知其到有关部门办理移动证或临时号牌后放行；不能提供车辆合法证明的，应当制作行政强制措施凭证，依法扣留车辆。

三、对于有拼装或者报废嫌疑的，检查时应当按照行驶证上标注的厂牌型号、发动机号、车架号等内容与车辆进行核对，确认无违法行为的，立即放行；初步确认为拼装或者报废机动车的，应当制作行政强制措施凭证，依法扣留车辆。

四、对于有使用伪造、变造机动车号牌或者使用其他机动车号牌嫌疑的，检查时应当根据车辆情况进行核对、询问，确认无违法行为的，立即放行；初步确认有使用伪造、变造机动车牌证或者使用其他机动车牌证违法行为的，应当制作行政强制措施凭证，依法扣留车辆。

五、对于有被盗抢嫌疑的，检查时，应当运用查缉战术、分工协作进行检查，并与全国被盗抢机动车信息系统进行核对。

当场能够确认无违法行为的，立即放行；当场不能确认有无违法行为的，应当将人、车分离，将车辆移至指定地点，进一步核实。

六、发现不按规定安装号牌、遮挡污损号牌的，检查时应当按照行驶证上标注的厂牌型号、发动机号、车架号等内容与车辆进行核对。确认违法行为后依法予以处罚，同时责令机动车驾驶人纠正。

七、交通警察发现机动车驾驶人未携带机动车驾驶证、有使用伪造或者变造驾驶证嫌疑或者机动车驾驶人拒绝出示驾驶证接受检查的，依法扣留车辆。

八、交通警察发现机动车驾驶人所持驾驶证记满 12 分或者公告停止使用的，依法扣留机动车驾驶证。

九、交通警察发现机动车驾驶人驾驶车辆与准驾车型不符、所持驾驶证有伪造或者变造嫌疑、驾驶证超过有效期或者驾驶证处于注销状态的，根据《公安机关办理行政案件程序规定》将驾驶证作为证据扣押。

十、机动车驾驶人所持驾驶证无效，同时又无其他机动车驾驶人替代驾驶的，可以将其驾驶的机动车移至不妨碍交通的地点或者有关部门指定的地点。

附件6

查处运载危险化学品车辆操作规程

一、发现运载爆炸物品、易燃易爆化学物品以及剧毒、放射性等危险物品车辆有违法行为的，应当指挥机动车驾驶人停车接受检查，除查验机动车驾驶人出示驾驶证、车辆行驶证外，还应当查验其他相关证件及信息，并依法处理。

二、对于擅自进入危险化学品运输车辆禁止通行区域，或者不按指定的行车时间和路线行驶的，应当当场予以纠正，并依据《危险化学品安全管理条例》实施处罚。

三、对于未随车携带《剧毒化学品公路运输通行证》的，应当引导至安全地点停放，并禁止其继续行驶，及时调查取证，并责令提供已依法领取通行证的证明，依据《剧毒化学品购买和公路运输许可证件管理办法》实施处罚。

四、对于未申领《剧毒化学品公路运输通行证》，擅自通过公路运输剧毒化学品的，应当扣留运输车辆，调查取证，依据《危险化学品安全管理条例》实施处罚。

五、对于未按照《剧毒化学品公路运输通行证》注明的运输车辆、驾驶人、押运人员、装载数量和运输路线、时间等事项运输的，应当引导至安全地点停放，调查取证，责令其消除违法行为，依据《危险化学品安全管理条例》和《剧毒化学品购买和公路运输许可证件管理办法》实施处罚。

本书参考相关法律规定

1. 中华人民共和国人民警察法
2. 中华人民共和国人民警察使用警械和武器条例
3. 公安机关人民警察现场制止违法犯罪行为操作规程
4. 公安机关现场执法指引
5. 公安机关人民警察盘查规范
6. 公安机关适用继续盘问规定
7. 公安机关执法办案场所办案区使用管理规定
8. 公安机关治安调解工作规范
9. 110 接处警工作规则

图书在版编目（CIP）数据

公安民警现场执法实务操作手册 / 刘永生主编. —北京：中国法制出版社，2020.12（2021.1 重印）
ISBN 978-7-5216-1406-0

Ⅰ.①公… Ⅱ.①刘… Ⅲ.①公安机关-行政执法-中国-手册 Ⅳ.①D922.14-62

中国版本图书馆 CIP 数据核字（2020）第 212696 号

责任编辑：王熹　赵律玮　　封面设计：周黎明

公安民警现场执法实务操作手册
GONG'AN MINJING XIANCHANG ZHIFA SHIWU CAOZUO SHOUCE

主编/刘永生
经销/新华书店
印刷/三河市紫恒印装有限公司
开本/850 毫米×1168 毫米　32 开　　印张/10.5　字数/156 千
版次/2020 年 12 月第 1 版　　2021 年 1 月第 2 次印刷

中国法制出版社出版
书号 ISBN 978-7-5216-1406-0　　定价：48.00 元

北京西单横二条 2 号
邮政编码 100031　　传真：010-66031119
网址：http：//www.zgfzs.com　　**编辑部电话：010-66010493**
市场营销部电话：010-66033393　　**邮购部电话：010-66033288**

（如有印装质量问题，请与本社印务部联系调换。电话：010-66032926）